Anna Maria Crimi
Domitille Hatuel

ESPRIT PLUS

Méthode de **français**

LIVRE DE L'ÉLÈVE ET CAHIER

B

Il piacere di apprendere

PIERRE BORDAS ET FILS
ELI
Gruppo Editoriale ELi

Esprit Plus B
Méthode de français
Livre et Cahier d'exercices

Auteurs : Anna Maria Crimi, Domitille Hatuel

Coordination éditoriale : Simona Franzoni
Rédaction : Wendy Saccard, Midesa srl
Révision linguistique : Gisèle Agnello
Direction artistique : Marco Mercatali
Conception graphique : Airone comunicazione – Enea Ciccarelli
Mise en page : Airone comunicazione – Enea Ciccarelli, Antonio Lepore
Iconographie: Airone comunicazione – Giorgia D'Angelo
Illustrations : Virginia Morelli (dessins), Laura Re (couleurs), Luca Poli, Studio 6CB9
Responsable de production : Francesco Capitano
Conception graphique de la couverture : Paola Lorenzetti
Photos de la couverture : Shutterstock

Les auteurs et l'éditeur adressent leurs plus vifs remerciements à : Prof.ssa Manuela Arimburgo, Prof.ssa Amelia Caselli, Prof.ssa Gabriella Cima, Prof.ssa Lorella Crescini, Prof.ssa Tindara Martina De Pasquale, Prof.ssa Teresa di Palo, Prof.ssa Sara Ercoli, Prof. Giuseppe Fioccata, Prof.ssa Laura Muscillo, Prof.ssa Serenella Pennasilico, Prof.ssa Felicia Malafronte, Prof.ssa Mariella Rossitto, Prof.ssa Nathalie Rey, Prof.ssa Elena Solinas, Prof.ssa Loredana Sortino.

B.P. 6
62019 Recanati
Italie
Tél. +39 071 750701
Fax +39 071 977851
info@gruppoeli.com
www.gruppoeli.it

Crédits
Photos
ELI Archives : pp 23 (4), 97 (moitié), 98 (gauche), 101; Marka : p. 37 (bas); Shutterstock : pp. 12 (bas), 13, 15, 20, 21, 23, 29, 31, 32, 33, 37, 42, 45, 51, 53, 54, 55, 56, 57, 64, 66, 72, 74, 76, 78, 79, 82, 86, 88, 91, 92, 93, 94, 97, 98, 101, 105, 106, 107, 108, 109, 110, 111, 159, 168, 169, 170, 171, 172, 173;
Shutterstock / ELI Archives : 118, 120, 121, 122, 124, 126, 128, 130, 132, 134, 135, 136, 137, 138, 139, 140, 141, 142, 144, 146, 148, 150, 152, 153, 154, 156, 158, 159, 160, 161, 162, 163, 164, 165, 166, 167, 169, 174, 175, 176, 177, 185, 186, 188, 190, 191;
Sitographie : fetedelamusique.culturecommunication.gouv.fr : p. 20 (affiche)

Achevé d'imprimer en Italie par Tecnostampa - Pigini Group Printing Division - Loreto, Trevi - Italia 18.83.214.1

Réimpression Mai 2021

ISBN 978-88-536-2507-6

Ecco alcune informazioni per usare nel miglior modo possibile il tuo libro di testo.

Livre de l'élève

Ogni unità si apre con un dialogo. Ascolterai e leggerai le avventure dei tuoi coetanei francesi poi svolgerai le attività di comprensione.

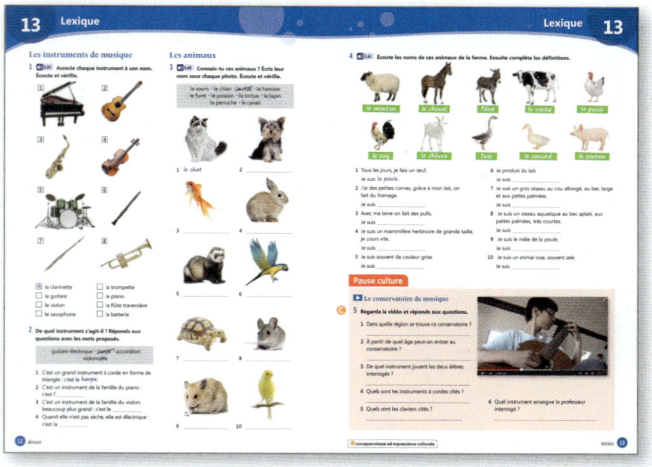

Lexique

In questa sezione troverai i "mattoncini" che ti permetteranno di comunicare: le parole.

Pause Culture

Dei brevi video ti aiuteranno a contestualizzare culturalmente il lessico.

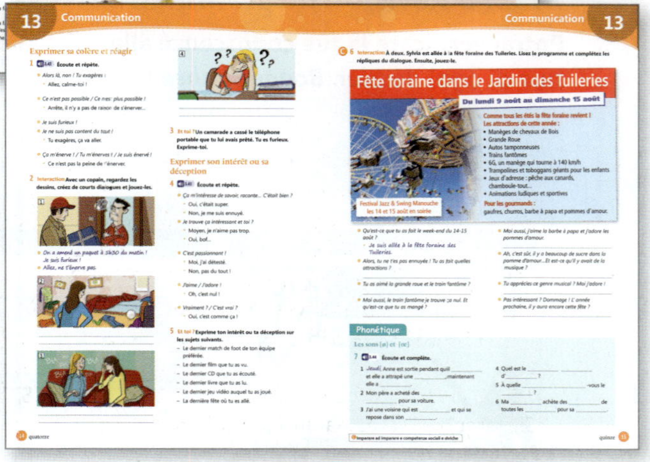

Communication

Pillole di comunicazione per esprimerti e interagire con le persone in situazioni reali di vita quotidiana. In queste pagine troverai tanti giochi di ruolo e potrai esercitare la pronuncia e migliorare l'ortografia.

Grammaire

Andiamo a vedere come funziona la lingua. Esempi, tabelle, riflessioni e attività aggiungeranno un po' di cemento "grammaticale" ai tuoi mattoncini lessicali e comunicativi. L'ultima pagina *Grammaire en action* ti permette di ripassare la grammatica in chiave comunicativa.

Vers le DELF

Avanti tutta! Qui ascolti, leggi, parli e scrivi. E come se non bastasse, ti prepari agli esami del DELF!

Contrôle numérique de fin d'unité

Se vuoi, ogni fine unità, trovi nel tuo libro digitale un divertente percorso a tappe per testare le tue conoscenze.

Guide visuel

... E inoltre il tuo libro di testo ti propone delle pagine VERAMENTE speciali!

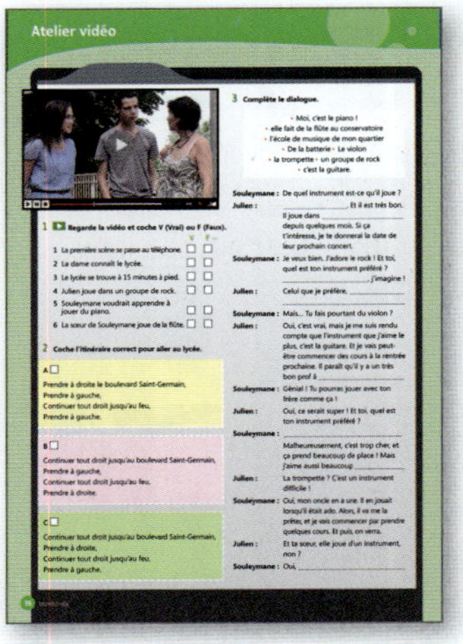

Atelier vidéo

I filmati delle pagine di Atelier vidéo ti porteranno direttamente in Francia in compagnia di un gruppo di ragazzi francesi che ti coinvolgeranno nelle loro vicende quotidiane. Potrai ripassare le funzioni comunicative in un modo decisamente autentico!

Compétences actives

In questa sezione dovrai lavorare da solo o con i compagni e mettere in gioco le conoscenze e le abilità acquisite a scuola e al di fuori della scuola per svolgere un compito autentico.

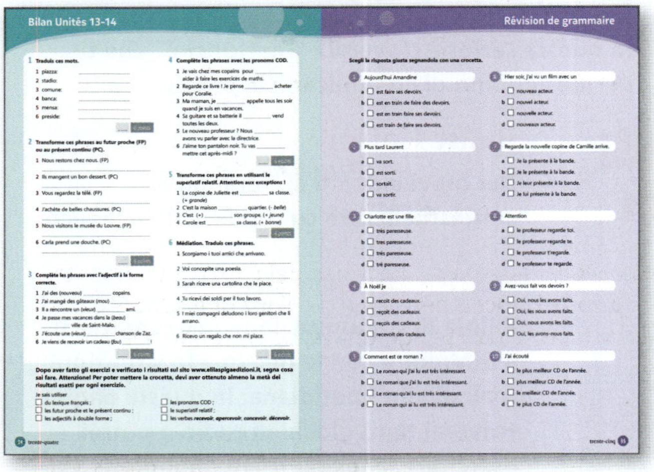

Bilan e Révision de grammaire

Potrai verificare le tue conoscenze alla fine di ogni dossier. *Bonne chance !*

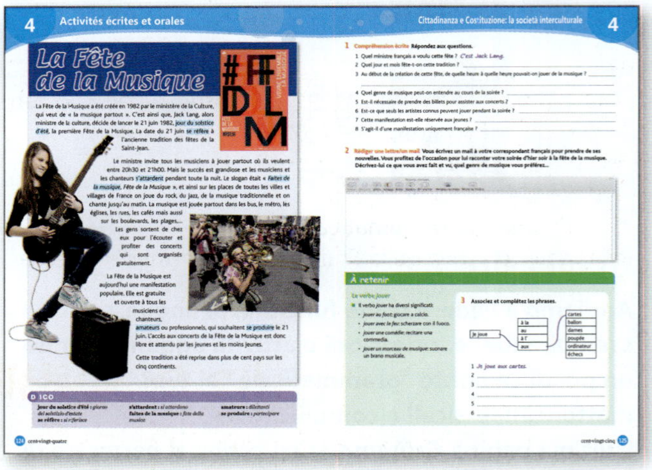

Mon examen

Questa sezione è dedicata all'Esame di Stato. Comprensione di testi, redazione di lettere e altre attività scritte e suggerimenti per percorsi interdisciplinari per prepararti all'esame scritto e al colloquio orale.

Civilisation

Per i più curiosi, approfondimenti sulla vita e la cultura francofona.

Cartes conceptuelles

In queste pagine, le mappe concettuali ti saranno di grande aiuto in qualsiasi momento del tuo percorso scolastico oppure per il ripasso dell'Esame di Stato.

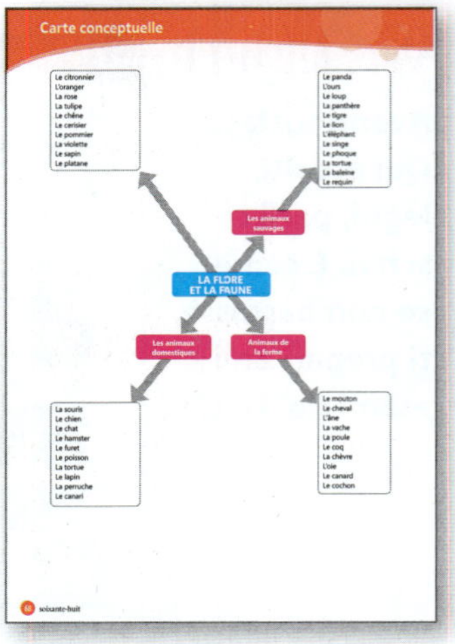

Cahier d'exercices

Il *Cahier d'exercices* segue passo a passo il tuo *Livre de l'élève*.

Alla fine di ogni unità, per verificare le competenze in modo autonomo, sarai chiamato a risolvere dei semplici compiti, mostrando un appropriato uso delle conoscenze e delle abilità.

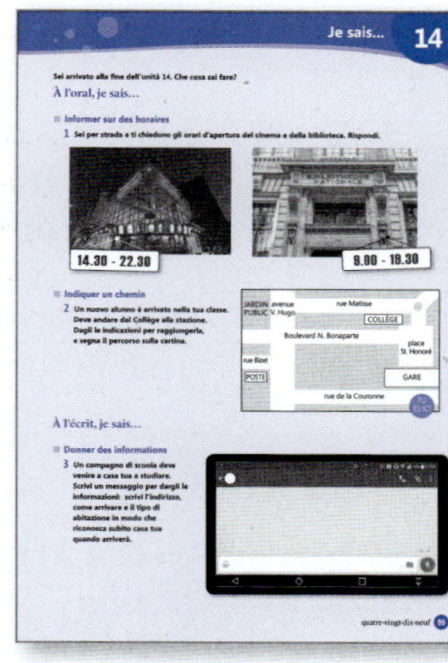

Livre actif

Il **Livre Actif** è la versione digitale scaricabile del tuo libro di testo, collegato a tutte le risorse del corso. Interamente sfogliabili con esercizi interattivi, audio e video. Potrai attivare l'opzione karaoke nei dialoghi e l'opzione sottotitoli nei video e importare documenti, immagini o link. Grazie anche alle numerose risorse aggiuntive, approfondirai la tua conoscenza del mondo e della cultura francofona.

Risorse

- Video blog per scoprire aspetti linguistici e paralinguistici
- Video di civiltà per approfondire la cultura francofona
- Video per il ripasso delle funzioni comunicative
- Tabelle dei verbi con audio
- Schede extra di grammatica
- Mappa interattiva della Francia con i luoghi d'interesse

Accedendo al libro liquido, potrai scegliere lo sfondo e il carattere del tuo libro digitale e ascoltare la lettura dell'intero volume.

Tableau des contenus et des compétences

Dossier G

Obiettivi comunicativi

Unité 13

- Esprimere la propria rabbia e reagire.
- Esprimere interesse o delusione.

Unité 14

- Chiedere un'informazione.
- Chiedere informazioni stradali.
- Informarsi sugli orari.

Compétences ACTIVES

COMPITI DI REALTÀ

Alla fine di questo dossier (pagina 37) ti sarà proposto il seguente compito di realtà:

- **L'assessore al Turismo della vostra città ha chiesto alla vostra scuola di creare, con l'aiuto di alcuni docenti, un opuscolo illustrato in lingua straniera che possa presentare la città.**

La vloggeuse Lou, nel suo vlog compact, oggi si occuperà delle onomatopee francesi e di come queste possono avere significati diversi a seconda dell'intonazione con la quale sono pronunciate.

Bon à savoir…

1 Compréhension audiovisuelle Lou riproduce le onomatopee *(più risposte possibili)*

a ☐ *mmmh, miam miam.*
b ☐ *Pffffff.*
c ☐ *hein.*

2 L'onomatopea *Pfff* può significare *(più risposte possibili)*

a ☐ l'indecisione.
b ☐ la stanchezza.
c ☐ la gioia.
c ☐ la delusione.

3 L'onomatopea *hein*, aspirando l'aria, si usa per esprimere incredulità.

V ☐ F ☐

13 Ce n'est pas possible !

1 1.1 **Écoute et lis le dialogue.**

Charles est dans le salon. Son chat Minouche a mangé les cordes de sa guitare.

Charles Alors là, non ! Tu exagères Minouche ! Ce n'est pas possible !

Père Que se passe-t-il encore ?

Charles J'en ai assez ! Ce chat est insupportable. Regarde ma guitare !

Père Oh, zut alors. Il est en train de manger les cordes ?

Charles Oui, c'est ça, et il a griffé ma guitare… Je suis hyper-énervé ! Maintenant, ma guitare est abîmée.

Père Bon, ce n'est pas très grave.

Charles Mais, j'ai rendez-vous au conservatoire pour répéter avec Émilie au piano et Karl à la clarinette.

Père Tu auras le temps de remettre tes cordes, ça va aller !

Charles Tu as raison, mais je ne veux plus que ce chat s'approche de ma guitare !

Père Bon, et qu'est-ce que vous préparez comme concert ? Ça m'intéresse de savoir…

Charles D'habitude, je ne le dis pas, mais celui-là est spécial : on prépare une comédie musicale !

DICO

zut : accidenti
griffer : graffiare
énervé : arrabbiato
abîmée : rovinata
répéter : provare
s'approcher : avvicinarsi

2 🔊 1.1 **Compréhension orale Réécoute le dialogue, puis coche vrai (V), faux (F) ou non mentionné (NM). Corrige les affirmations fausses dans ton cahier.**

	V	F	NM
1 Charles a un chat.	✗	☐	☐
2 Charles a aussi un chien.	☐	☐	☐
3 Le chat a griffé le piano de Charles.	☐	☐	☐
4 Le chat a mangé les cordes de la guitare.	☐	☐	☐
5 Charles est très énervé.	☐	☐	☐
6 Charles joue aussi de la clarinette.	☐	☐	☐

Phonétique

Les sons [ø] et [œ]

3 🔊 1.2 **Écoute, observe et fais attention aux sons de ces mots que tu connais déjà.**

1 bl**eu** 4 v**œu**x 7 m**eu**ble
2 d**eu**x 5 **œu**f 8 s**œu**r
3 y**eu**x 6 **œ**il 9 q**ueu**e

Il suono chiuso [ø] corrisponde alle grafie:
-eu (se finale o davanti a consonante muta) *deux*
-œu *vœux*
-ueu *queue*

Il suono aperto [œ] corrisponde alle grafie:
-eu, -œu, -œ, -ue seguite dalle consonanti p, b, f, j, l, n, r.

4 🔊 1.3 **Écoute et coche le son que tu entends.**

	[ø]	[œ]
1		✗
2		
3		
4		
5		
6		
7		
8		

5 Compréhension écrite Lis le document ci-dessous et réponds aux questions.

1 De quel genre de spectacle parle le texte ?
Des comédies musicales.
2 D'où vient le genre de la comédie musicale ?
____
3 Classe les comédies musicales mentionnées par catégorie.
Histoires d'amour : _______________
____
____
Reconstitutions historiques : _______________
____
____
Contes : _______________
____
____
____

La comédie musicale vient de la culture anglo-saxone. C'est un spectacle chanté et dansé. Aujourd'hui, les comédies musicales mettent en scène des histoires d'amour, des reconstitutions historiques, des contes. En France, il existe peu d'école de comédie musicale contrairement aux États-Unis ou en Angleterre.
Voici les derniers grands succès français de comédies musicales :

Le Roi Lion (1997)
Notre-Dame de Paris (1998)
Les Dix Commandements (2000)
Le Petit Prince (2003)
Le Roi Soleil (2005)
Cléopâtre, la dernière reine d'Égypte (2009)
Mozart, l'opéra rock (2009)
Cendrillon, le spectacle musical (2009)
Roméo et Juliette, les enfants de Vérone (2010)
1789 : Les Amants de la Bastille (2010)
Robin des Bois (2013)
Le bal des Vampires (2014)
La Légende du Roi Arthur (2015)
Les 3 Mousquetaires (2016)

Les instruments de musique

1 1.4 **Associe chaque instrument à son nom. Écoute et vérifie.**

1

2

3

4

5

6

7

8

- [6] la clarinette
- [ ] la guitare
- [ ] le violon
- [ ] le saxophone
- [ ] la trompette
- [ ] le piano
- [ ] la flûte traversière
- [ ] la batterie

2 **De quel instrument s'agit-il ? Répondez aux questions avec les mots proposés.**

guitare • ~~harpe~~ • accordéon
violoncelle

1 C'est un grand instrument à corde en forme de triangle : c'est la *harpe.*
2 C'est un instrument de la famille du piano : c'est l'___________
3 C'est un instrument de la famille du violon, beaucoup plus grand : c'est le ___________
4 Quand elle n'est pas sèche, elle est électrique : c'est la ___________

Les animaux

3 1.5 **Connais-tu ces animaux ? Écris leur nom sous chaque photo. Écoute et vérifie.**

la souris • le chien • ~~le chat~~ • le hamster
le furet • le poisson • la tortue • le lapin
la perruche • le canari

1 *le chat*

2 ___________

3 ___________

4 ___________

5 ___________

6 ___________

7 ___________

8 ___________

9 ___________

10 ___________

4 🔊 1.6 **Écoute les noms de ces animaux de la ferme. Ensuite complète les définitions.**

le mouton

le cheval

l'âne

la vache

la poule

le coq

la chèvre

l'oie

le canard

le cochon

1 Tous les jours, je fais un œuf.
Je suis *la poule.*

2 J'ai des petites cornes, grâce à mon lait, on fait du fromage.
Je suis ____________________

3 Avec ma laine on fait des pulls.
Je suis ____________________

4 Je suis un mammifère herbivore de grande taille, je cours vite.
Je suis ____________________

5 Je suis souvent de couleur grise.
Je suis ____________________

6 Je produis du lait.
Je suis ____________________

7 Je suis un gros oiseau au cou allongé, au bec large et aux pattes palmées.
Je suis ____________________

8 Je suis un oiseau aquatique au bec aplati, aux pattes palmées, très courtes.
Je suis ____________________

9 Je suis le mâle de la poule.
Je suis ____________________

10 Je suis un animal rose, souvent sale.
Je suis ____________________

Pause culture

▶ Le conservatoire de musique

C **5** **Regarde la vidéo et réponds aux questions.**

1 Dans quelle région se trouve ce conservatoire ?
____

2 À partir de quel âge peut-on entrer au conservatoire ?
____

3 De quel instrument jouent les deux élèves interrogés ?
____

4 Quels sont les instruments à cordes cités ?
____

5 Quels sont les claviers cités ?
____

6 Quel instrument enseigne le professeur interrogé ?
____

C consapevolezza ed espressione culturale

Exprimer sa colère et réagir

1 1.7 **Écoute et répète.**

- *Alors là, non ! Tu exagères !*
  - Allez, calme-toi !
- *Ce n'est pas possible / Ce n'est plus possible !*
  - Arrête, il n'y a pas de raison de s'énerver...
- *Je suis furieux !*
- *Je ne suis pas content du tout !*
  - Tu exagères, ça va aller.
- *Ça m'énerve ! / Tu m'énerves ! / Je suis énervé !*
  - Ce n'est pas la peine de t'énerver.

2 Interaction **Avec un copain, regardez les dessins, créez de courts dialogues et jouez-les.**

1

- *On a amené un paquet à 5h30 du matin ! Je suis furieux !*
- *Allez, ne t'énerve pas.*

2

3

4

3 Et toi ? **Un camarade a cassé le téléphone portable que tu lui avais prêté. Tu es furieux. Exprime-toi.**

Exprimer son intérêt ou sa déception

4 1.8 **Écoute et répète.**

- *Ça m'intéresse de savoir, raconte... C'était bien ?*
  - Oui, c'était super.
  - Non, je me suis ennuyé.
- *Je trouve ça intéressant et toi ?*
  - Moyen, je n'aime pas trop.
  - Oui, bof...
- *C'est passionnant !*
  - Moi, j'ai détesté.
  - Non, pas du tout !
- *J'aime / J'adore !*
  - Oh, c'est nul !
- *Vraiment ? / C'est vrai ?*
  - Oui, c'est comme ça !

5 Et toi ? **Exprime ton intérêt ou ta déception sur les sujets suivants.**

- Le dernier match de foot de ton équipe préférée.
- Le dernier film que tu as vu.
- Le dernier CD que tu as écouté.
- Le dernier livre que tu as lu.
- Le dernier jeu vidéo auquel tu as joué.
- La dernière fête où tu es allé.

6 Interaction **À deux. Sylvia est allée à la fête foraine des Tuileries. Lisez le programme et complétez les répliques du dialogue. Ensuite, jouez-le.**

Fête foraine dans le Jardin des Tuileries

Du lundi 9 août au dimanche 15 août

Comme tous les étés la fête foraine revient !
Les attractions de cette année :

- Manèges de chevaux de Bois
- Grande Roue
- Autos tamponneuses
- Trains fantômes
- 6G, un manège qui tourne à 140 km/h
- Trampolines et toboggans géants pour les enfants
- Jeux d'adresse : pêche aux canards, chamboule-tout...
- Animations ludiques et sportives

Pour les gourmands :
gaufres, churros, barbe à papa et pommes d'amour.

- *Qu'est-ce que tu as fait le week-end du 14-15 août ?*
  - Je suis allée à la fête foraine des Tuileries.
- *Alors, tu ne t'es pas ennuyée ! Tu as fait quelles attractions ?*
  - ____________________
- *Tu as aimé la grande roue et le train fantôme ?*
  - ____________________
- *Moi aussi, le train fantôme je trouve ça nul. Et qu'est-ce que tu as mangé ?*
  - ____________________
- *Moi aussi, j'aime la barbe à papa et j'adore les pommes d'amour.*
  - ____________________
- *Ah, c'est sûr, il y a beaucoup de sucre dans la pomme d'amour...Et est-ce qu'il y avait de la musique ?*
  - ____________________
- *Tu apprécies ce genre musical ? Moi j'adore !*
  - ____________________
- *Pas intéressant ? Dommage ! L'année prochaine, il y aura encore cette fête ?*
  - ____________________

Phonétique

Les sons [ø] et [œ]

7 1.9 **Écoute et complète.**

1 *Jeudi*, Anne est sortie pendant qu'il ________ et elle a attrapé une ________, maintenant elle a ________.

2 Mon père a acheté des ________ ________ pour sa voiture.

3 J'ai une voisine qui est ________ et qui se repose dans son ________.

4 Quel est le ________ ________ d'________ ?

5 À quelle ________ ________ -vous le ________ ?

6 Ma ________ achète des ________ de toutes les ________ pour sa ________.

Le présent continu

1 Relis le dialogue à la page 10 et complète la phrase.

________________ les cordes ?

Per indicare un'azione in corso di svolgimento nella lingua francese si usa il *présent continu* che si costruisce con il verbo ***être*** coniugato + ***en train de*** + **l'infinito** del verbo che esprime l'azione.
*Je **suis en train de faire** mes devoirs.*
Sto facendo i miei compiti.

FOCUS

Il *présent continu* può esprimere anche un'azione che si sta svolgendo nel passato e quindi il verbo *être* dovrà essere coniugato all'imperfetto.

J'étais en train de faire les exercices quand Adam est arrivé.
Stavo facendo gli esercizi quando Adam è arrivato.

X **2 Transforme les phrases au présent continu.**

1 Je regarde la télé.
Je suis en train de regarder la télé.

2 Nous jouons de la musique hip-hop.
NOUS SOMMES EN TRAIN DE JOUER DE LA MUSIQUE

3 Elles font les courses au marché.
ELLE SONT EN TRAIN DE FAIRE LES COURSES

4 Tu prépares ton sac pour le collège.
TU ES EN TRAIN DE PRÉPARER TON SAC...

5 Vous travaillez pour le contrôle de demain.
VOUS ETEZ EN TRAIN DE TRAVAILLER POUR LE ...

6 Gabriel range ses livres.
GABRIEL EST EN TRAIN DE RANGER...

7 Nous entrons en classe.
NOUS SOMMES EN TRAIN DE ENTRER EN CLASSE

8 Je prends mon petit-déjeuner.
JE SUIS EN TRAIN DE PRENDRE MON...

3 Invente une réponse à chaque question. Utilise le présent continu.

1 Qu'est-ce que tu fais ?
Je suis en train de jouer du piano.

2 Qu'est-ce qu'elle fait ?
ELLE EST EN TRAIN DE

3 Qu'est-ce qu'ils mangent ?
ILS SONT EN TRAIN

4 Qu'est-ce qu'ils boivent ?
____

5 Avec qui parle-t-il ?
____

6 Qu'est-ce qu'ils organisent ?
____

7 Qu'est-ce que tu prépares ?
____

8 Qu'est-ce que vous écoutez ?
____

9 Qu'est-ce qu'ils allument ?
____

10 Avec qui joue-t-elle ?
____

X **4 Regarde les dessins et écris ce qu'ils sont en train de faire.**

1 *Elle est en train de faire du vélo.*

2 ILS SONT EN TRAIN DE SORTIR

3 ELLES SONT EN TRAIN DE PAYER

4 IL EST EN TRAIN DE MANGER

5 ELLE EST EN TRAIN DE DORMIR

6 ILS SONT EN TRAIN DE ETUDIER

Le futur proche

Per esprimere un'azione imminente, cioè qualcosa che sta per succedere, in francese si usa il *futur proche* che si costruisce con **aller** coniugato + **l'infinito** del verbo che esprime l'azione.
*Nous **allons partir** en vacances.*
Stiamo per partire in vacanza.

5 Transforme les phrases au futur proche.

1 Je refais mon lit.
Je vais refaire mon lit.

2 Cécilia achète un cadeau pour sa copine.
CECILIA VA ACHETER...

3 Nous faisons un petit voyage.
NOUS ALLONS FAIRE...

4 Vous changez de quartier.
VOUS ALLEZ CHAGER...

5 Tu continues tes études à la fac.
TU VAS CONTINUER...

6 Que vont-ils faire ? Regarde les dessins et imagine.

1 *Il va prendre son vélo pour aller au collège.*

2 ELLE VA ALLER EN PHARMACIE

3 ILS VONT ENTRER AU COLLEGE

4 ILS VONT PARTIR EN VACANCE

5 ELLE VA ETAINDRE L'ORDINATEUR

6 IL VA FAIR LE COURS

Le superlatif absolu

7 Lis de nouveau le dialogue à la page 10 et complète la phrase.

Je suis __________-énervé!

Il superlativo assoluto esprime il grado più alto di una qualità. Si forma generalmente con l'avverbio ***très***.
*Elle est **très** malade.*

Nella lingua informale si usano anche i prefissi + gli aggettivi
super-, ultra-, hyper-, archi-
*Marie est **super** contente.*
*Ce téléphone est **ultra**moderne.*
*Je suis **hyper**-allergique aux poils de chats.*
*Nicolas est **archi**nul en allemand.*

Nella lingua formale si usa ***fort*** oppure ***bien***.
*Il est **fort** intelligent.*
*Elle est **bien** gentille.*

8 Transforme ces phrases au superlatif absolu.

1 C'est un copain sympa.
C'est un copain très sympa.

Marina est bavarde.

3 Appelle ton père. C'est urgent.

4 Mon chat est vieux.

5 Je suis malade et j'ai les yeux rouges.

6 Mon lit est confortable.

7 Ma copine est gentille avec moi.

8 Les pâtes sont salées.

9 En classe nous sommes attentifs aux cours.

10 C'est un objet solide.

9 **Forme des phrases au superlatif avec ces éléments.**

1 riches / sont / Ils

Ils sont très riches.

2 maison / belle / est / Cette

____

3 vélo / Ton / vite / roule

____

4 Paris / À / beaux / de / musées / il y a

____

5 mangé / un / gâteau / Hier / j'ai / bon

____

6 grande / Ma copine / est / fille / une

____

7 sont / Vos / difficiles / devoirs

____

8 paresseux / est / Carlos / garçon / un

____

10 **Regarde les dessins et écris les légendes.**

1 *Minette a de très grandes oreilles.*

2 ______________________

3 ______________________

4 ______________________

Le verbe *recevoir*

Présent de l'indicatif

Recevoir	
Je reçois	Nous recevons
Tu reçois	Vous recevez
Il / Elle / On reçoit	Ils / Elles reçoivent

FOCUS

Si coniugano come ***recevoir*** tutti i verbi che finiscono in *-cevoir*, come ***apercevoir*** (scorgere), ***concevoir*** (concepire), ***décevoir*** (deludere), …
Per gli altri tempi vedi il ***Tableau des conjugaisons***.

11 **Conjugue ces verbes au présent de l'indicatif.**

1 apercevoir : il *aperçoit*
2 percevoir : tu ______________
3 recevoir : nous ______________
4 concevoir : ils ______________
5 recevoir : je ______________
6 apercevoir : vous ______________

12 **Complète en conjuguant les verbes proposés au présent de l'indicatif.**

1 Ils (*recevoir*) *reçoivent* des mails de leur frère.
2 Zaz (*concevoir*) ______________ une chanson.
3 Tu n'as pas de bonnes notes et tu (*décevoir*) ______________ tes parents.
4 Je (*recevoir*) ______________ des cadeaux.
5 Ils (*apercevoir*) ______________ Marie.
6 Vous (*recevoir*) ______________ une lettre de votre correspondant.
7 Nous (*apercevoir*) ______________ le ciel bleu.
8 Les professeurs (*recevoir*) ______________ les parents des élèves.

13 1.10 **Écoute et écris les verbes que tu entends.**

1 *Je reçois.*
2 ______________________
3 ______________________
4 ______________________
5 ______________________
6 ______________________

Grammaire en ligne
elilaspigaedizioni.it

1 Production orale **Qu'est-ce qu'ils sont en train de faire, qu'est-ce qu'ils vont faire et qu'est-ce qu'ils viennent de faire ? Regarde les dessins et décris les situations.**

1 *Enzo est en train de rentrer chez lui. Il vient d'arriver du sport, il va goûter avec sa maman dans la cuisine.*

2 ______________________________

C 2 EXAMEN Production écrite **Écris un dialogue en suivant ce canevas. Utilise le présent continu quand cela est possible.**

Nicolas rencontre Léa et la salue.

Léa salue Nicolas.

Nicolas lui demande ce qu'elle fait.

Léa lui dit qu'elle prépare son examen DELF.

Nicolas lui demande des nouvelles de sa copine Inès.

Léa lui raconte qu'Inès s'est inscrite dans un lycée où elle peut suivre des cours de gymnastique. Elle s'entraîne pour participer aux Jeux Olympiques. Léa demande à Nicolas ce qu'il fait.

Nicolas lui dit qu'il étudie pour passer son Brevet et qu'après il veut s'inscrire au lycée. Il demande à Léa où elle veut s'inscrire.

Léa répond qu'elle va s'inscrire dans un lycée et qu'elle veut étudier les langues étrangères. Léa salue Nicolas.

Nicolas salue Léa.

C competenze sociali e civiche

Écouter

1 1.11 **Écoute l'enregistrement et réponds aux questions.**

1 Il s'agit d'une publicité
- a ☐ touristique.
- b ☐ pour la Fête de la Musique.
- c ☐ pour un concert.

2 Il s'agit de la
- a ☐ 30e édition.
- b ☐ 32e édition.
- c ☐ 33e édition.

3 L'évènement aura lieu
- a ☐ ce lundi.
- b ☐ ce vendredi.
- c ☐ ce samedi.

4 Il se déroule dans la ville de
- a ☐ Maizy.
- b ☐ Mance.
- c ☐ Metz.

5 La publicité invite à se rendre
- a ☐ sur les places.
- b ☐ dans les rues.
- c ☐ sur le site web.

6 À quels concerts peut-on assister ?
- a ☐ Musique jazz.
- b ☐ Musique hip hop.
- c ☐ Musique classique.

Lire

2 **Lis le document ci-dessous et réponds aux questions de la page 21.**

FÊTE DE LA MUSIQUE

Vendredi 21 juin aura lieu la Fête de la Musique.
Cette année, le thème est la musique de « vive voix ».
Cette musique se décline en timbres, accords, accents, qui ont changé avec le temps. Comédies musicales, cours et ensembles vocaux, karaokés : tout montre que l'instrument le plus populaire c'est la voix.
Chaque année, la fête de la musique réunit les amateurs de musique en tout genre et est un événement ouvert à tous !

De nombreux groupes proposeront une animation musicale gratuite dans toute la ville.

Place Saint-Louis - 20h00 :
Musique, danse hip-hop animation par un DJ.

École Notre-Dame, Rue de la Chèvre - 18h30-22h30 :
Le groupe Vibration et la chanson française.

Église St Maximin - 21h00 :
La chorale TRIMAZO de Metz donnera un concert.

Quai des Régates (à côté de la Capitainerie) - 18h30-23h00 :
Synesthesia – groupe de heavy metal et Starter – groupe de hard rock.

Place de la République - 20h30-23h00 :
Chants chorales et danses.

Place de la Comédie - 19h00 :
Le Club de la Presse organise un concert de jazz.

Place Jeanne d'Arc - 20h30 :
« Les Rendez-Vous Folk à Metz » – Une programmation folk et musiques traditionnelles de France.

1 Le but de ce document est
a ☐ d'informer.
b ☐ de conseiller.
c ☐ d'interdire.

2 Quand la fête a-t-elle lieu ?
a ☐ le 21 mai
b ☐ le 20 juin
c ☐ le 21 juin

3 Quel est le thème de la fête ?
a ☐ La musique des amateurs.
b ☐ La musique dans tous ses états.
c ☐ La musique de vive voix.

4 L'instrument le plus populaire est
a ☐ la voix.
b ☐ le piano.
c ☐ la guitare.

5 Qui peut participer ?
a ☐ Seulement des passionnés de jazz.
b ☐ Seulement des passionnés de hip-hop.
c ☐ Tout le monde.

Outils

Nelle domande a risposta aperta non saranno valutati gli errori di ortografia o di grammatica.

Écrire

3 **Tu as vu le programme de la Fête de la Musique. Tu écris un mail à un copain pour l'inviter. Tu lui proposes le programme pour la soirée, l'heure et le lieu du rendez-vous. Aide-toi du document de l'exercice 2.**

Parler

4 **À deux. À la Maison de la culture.**

Tu aimes la musique et tu vas te renseigner à la Maison de la culture où on propose des cours. Tu demandes des informations à l'accueil : instruments, horaires, dates, prix des cours. Tu choisis et tu paies. Un copain / Une copine joue le rôle de la personne de l'accueil.

Cours de musique
Du lundi au vendredi : de 16h00 à 19h00
Le mercredi : de 10h00 à 12h00 et de 14h00 à 19h00

Prix
Un cours par semaine : 20€ de l'heure

Le cours d'éveil musical a lieu le mercredi de 10h00 à 11h00 pour les enfants.

Vous pouvez également nous contacter au 010.16.04.07.52

Instruments : batterie, violon, trompette, guitare, saxophone, piano, flûte traversière.

Hai finito la tredicesima unità! Ora puoi metterti alla prova con il percorso a tappe nel tuo libro digitale. *Bonne chance!* C

C competenza digitale

14 La ville idéale

1 1.12 **Écoute et lis.**

Anouk et Marie vont en ville. Il y a beaucoup de pollution.

Anouk J'en ai assez de cette ville ! On ne peut plus respirer, c'est horrible. Il y a trop de voitures !

Marie Je suis totalement d'accord avec toi. La ville est vraiment trop polluée...
Regarde, je viens d'acheter cette revue où les lecteurs écrivent sur leur ville idéale, lis...

Rose

Salut !
Ma ville idéale serait certainement une ville verte. J'aimerais une ville avec beaucoup d'espaces : des jardins publics, des places avec des fontaines, des arbres et des bancs pour s'asseoir à l'ombre en été. Ma ville aurait des pistes cyclables pour les personnes qui circulent à vélo et les transports en commun seraient gratuits. Il y aurait beaucoup de bus et les gens prendraient moins leurs voitures... On respirerait mieux !
La ville idéale aurait aussi des bibliothèques, des piscines municipales, des stades ouverts tous les jours même le week-end.... Voilà ma ville idéale, je l'aime énormément !

Pierre

Pour moi la ville idéale doit être pratique et facile !
Je voudrais une ville moderne avec un grand centre commercial qui serait ouvert de 7h à minuit ! J'adore les centres commerciaux parce qu'on trouve tout : des restaurants, des cafés, des magasins de mode, des ludothèques, mais aussi la poste, la banque... ! J'aime aussi les grands complexes de cinéma avec de très grandes salles : c'est super ! Bien sûr, dans ma ville idéale, les rues seraient propres et il y aurait beaucoup de jardins publics.
J'aimerais vraiment vivre dans cette ville !

DICO

la pollution : l'inquinamento
les lecteurs : i lettori
les bancs : le panchine
propres : pulite

2 **Compréhension écrite** **Relis le texte à la page 22 et coche vrai (V), faux (F) ou non mentionné (NM).**

	V	F	MN
1 Ces articles sont envoyés par les lecteurs.	☒	☐	☐
2 Rose parle de la ville où elle habite.	☐	☐	☐
3 Rose voudrait vivre dans une ville verte.	☐	☐	☐
4 Rose ne veut pas de parcs dans sa ville idéale.	☐	☐	☐
5 Rose n'aime pas les centres commerciaux.	☐	☐	☐
6 Pierre n'aime pas les centres commerciaux.	☐	☐	☐
7 Dans les centres commerciaux, il y a tout.	☐	☐	☐
8 Dans les complexes de cinéma, il y a des films américains.	☐	☐	☐

3 **Compréhension écrite** **Relis le texte à la page 22 et écris la phrase du texte qui correspond à chaque photo.**

1 *La ville est trop polluée.*

2 ______________________________

3 ______________________________

4 ______________________________

Phonétique

Les sons [ã] et [ɛ̃]

4 1.13 **Écoute, observe et répète.**

1 vin 2 vent 3 timbre 4 membre 5 main 6 sans 7 plein 8 septembre

In francese il suono [ã] corrisponde a diverse grafie:

-en, (-em davanti a *p* e *b*) ***v**en**t**, t**em**ps*
-an, (-am davanti a *p* e *b*) *d**an**s, **am**bassade*
-ean et -aon *J**ean**, p**aon***

Il suono [ɛ̃] corrisponde a diverse grafie:

-in (-im davanti a *p* e *b*) *f**in**, **im**possible*
-yn (-ym davanti a *p* e *b*) *s**yn**dicat, s**ym**pathie*
-ein, -eim *p**ein**ture, R**eim**s*
-ain, -aim *b**ain**, f**aim***

La ville

1 1.14 **Associe les mots aux lieux qui correspondent sur le dessin. Écoute et vérifie.**

la place • le feu • le passage piéton • la mairie • le bar • le théâtre • le cinéma • l'hôtel • l'immeuble
le jardin public / le square • le stade • l'église • la rue • le trottoir

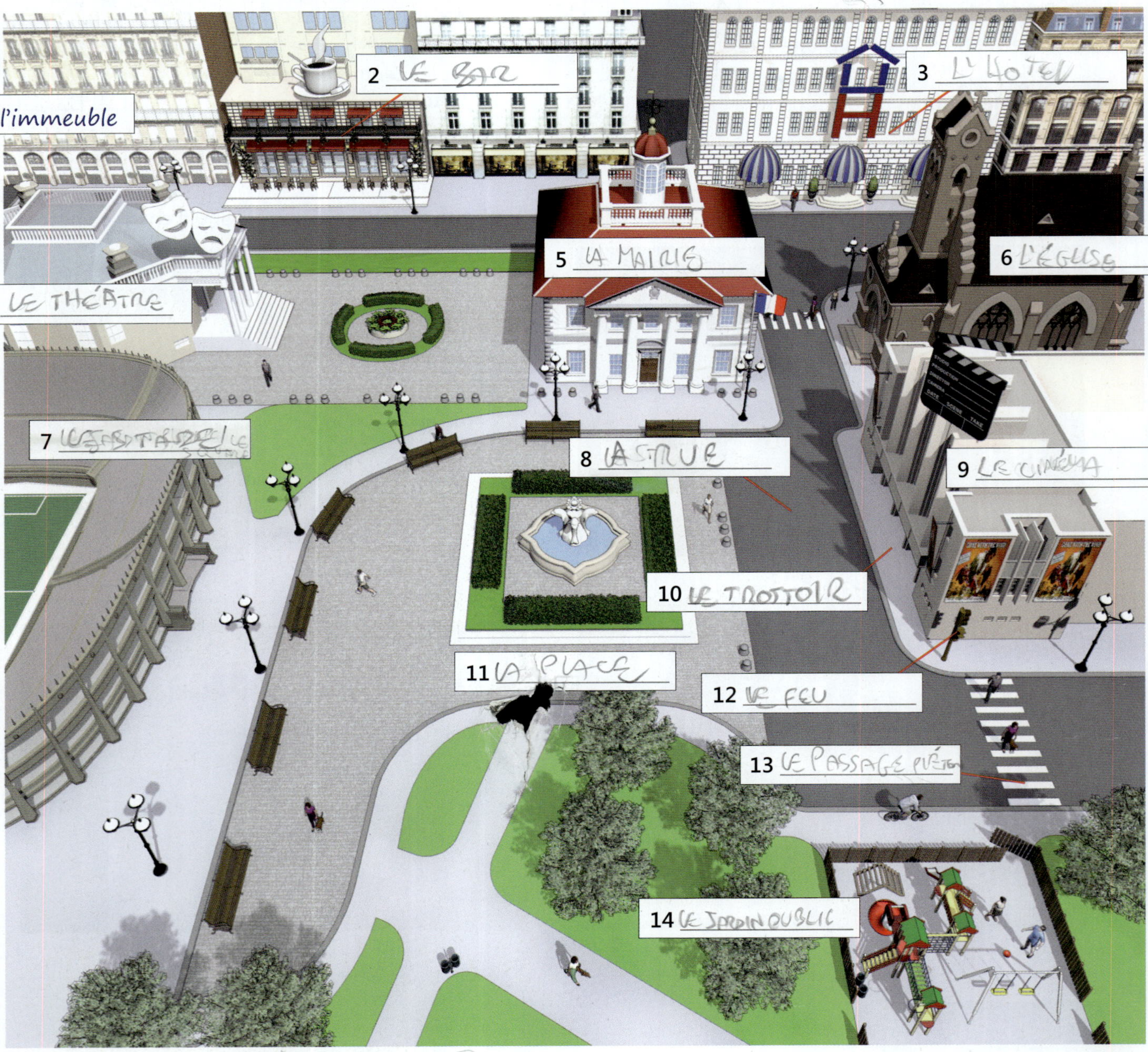

2 Associe chaque mot à sa définition.

1 la poste
2 la banque
3 la bibliothèque
4 la piscine municipale
5 la ludothèque

a 4 On y va pour nager.
b 1 On y va pour poster des lettres.
c 3 On y va pour lire des livres.
d 2 On y retire de l'argent.
e 5 On y va pour jouer.

FOCUS

L'avenue e **le boulevard** sono delle vie larghe bordate da alberi. **Le rond-point** è una rotatoria dove convergono più strade. **L'impasse** è una strada senza uscita.

Les moyens de transport

3 1.15 **Associe les dessins au mot qui correspond. Écoute et vérifie.**

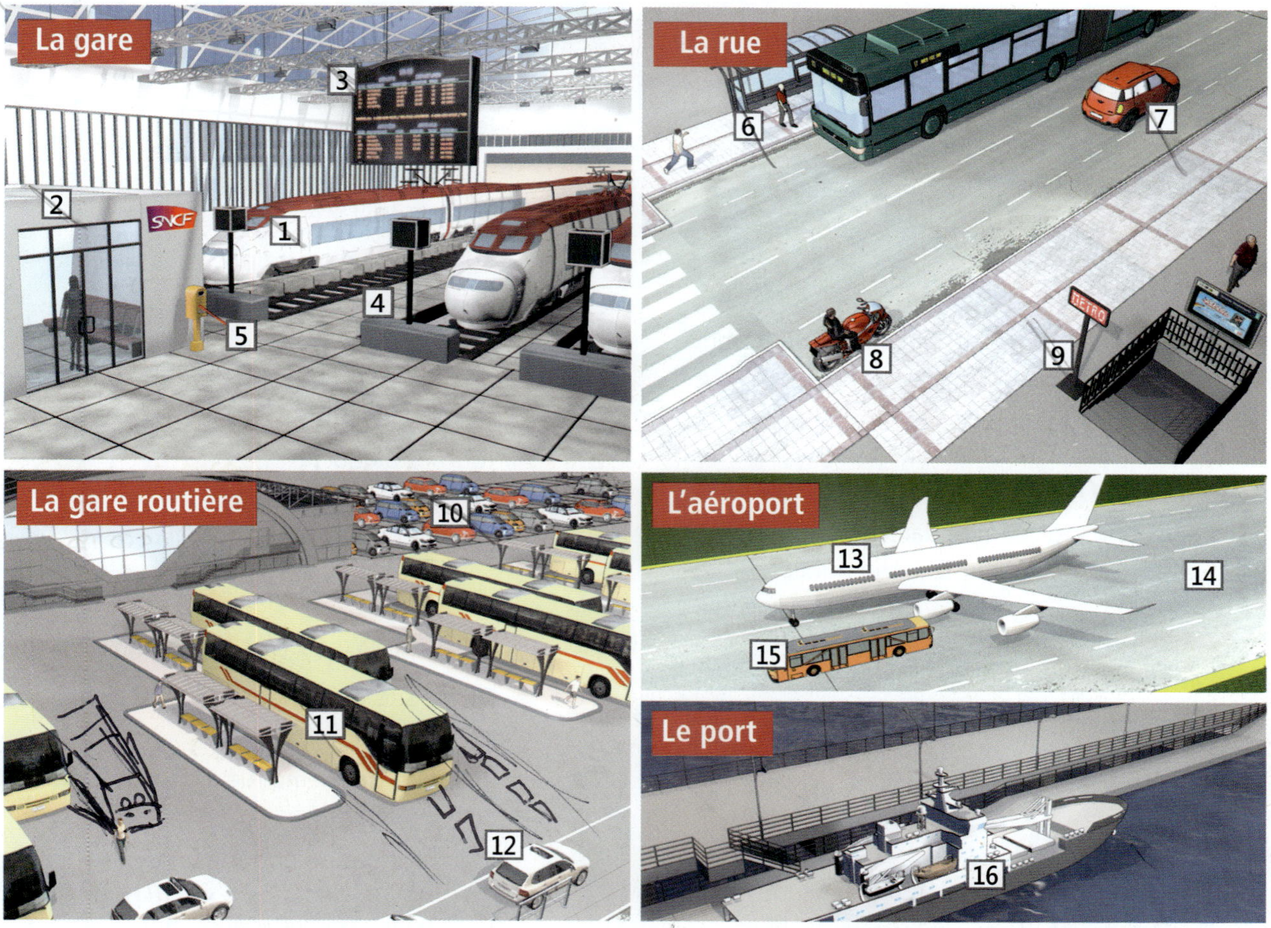

☐ le taxi	☐ la station de métro	☐ la piste d'atterrissage	☐ la salle d'attente
☐ le quai	☐ le panneau d'affichage	☐ le composteur	☐ le bus
☐ le car	☐ l'arrêt de bus	☐ le parking	☐ la moto
☐ le train	☐ la voiture	☐ l'avion	☐ le bateau

Pause culture

Nantes, ville verte

4 Regarde la vidéo et souligne la proposition correcte.

1 Cette vidéo parle d'une ville *d'aujourd'hui* / *du futur*.

2 Nantes a beaucoup *d'arbres* / *de rues* en ville.

3 Chaque domicile est à moins de *500* / *50* mètres d'un jardin public ou d'un square.

4 Nantes a développé des transports en commun écologiques qui fonctionnent *à l'essence* / *au gaz naturel*.

5 Il y a *un espace de jeux pour enfants* / *une piscine* dans le Jardin des Plantes.

6 Le Campus se trouve *dans la nature* / *près de la gare*.

Demander une information

1 1.16 **Écoute et répète.**

- *Tu sais où je peux retirer de l'argent ?*
  - Oui, il y a une banque dans cette rue.
- *Excusez-moi, je dois envoyer une lettre, où dois-je aller ?*
  - Vous devez aller à la poste.
- *Merci.*
- *S'il vous plaît… Je dois acheter des timbres mais la poste est fermée, où est-ce que je peux aller ?*
  - Le bureau de tabac vend des timbres.
- *Qu'y a-t-il d'intéressant à visiter dans cette ville ?*
  - Il y a une vieille église dans le centre ville et, en face, un magnifique jardin public.

C **2** **Interaction** **À deux. Écrivez des dialogues et jouez-les.**

- *Savez-vous où je peux faire jouer mon fils*
  - *Oui, il y a un square pas loin.*

____

____

____

____

Demander son chemin

3 1.17 **Écoute et répète.**

- *Tu sais où est la mairie ?*
- *Il est où le cinéma César ?*
  - Je ne sais pas.
  - Ce n'est pas loin.
  - Va tout droit, c'est sur ce trottoir.
  - Continue dans cette rue, tu vas le voir.
  - Passe devant le cinéma, c'est juste après.
- *S'il vous plaît, je cherche l'avenue Clémenceau.*
  - Traversez la rue.
  - Tournez à gauche.
  - Ne prenez pas la deuxième rue à droite, c'est un sens interdit.
  - Oh, c'est tout près d'ici.
- *Excusez-moi, pouvez-vous me dire où est la poste ?*
  - Oui, je sais où est la poste. C'est dans la première rue à droite.
  - Prenez la deuxième rue à gauche et traversez au feu. C'est là.
  - Marchez tout au bout de la rue.
- *Pouvez-vous m'indiquer le chemin ?*
  - Oui, bien sûr, c'est facile.
  - Désolé, je ne sais pas où c'est.

4 **Complète les dialogues. Joue-les avec un copain.** C

1
- *S'il vous plaît Madame, je cherche la place des Ancres.*
  - Oh, c'est loin.
- *C'est loin ?* ______________________
  - Oui, bien sûr. Vous traversez la rue. Tournez ensuite à la première rue à droite.

2
- ______________________________
  - Oui, je sais, c'est facile ! Va tout droit et tu arrives à la ludothèque.

3
- ______________________________
  - La gare ? C'est loin.

4
- ______________________________
  - La rue Brisseau ? Désolé, je ne sais pas.

C imparare ad imparare e competenze sociali e civiche

C 5 **Interaction** **À deux. Regardez le plan. Posez-vous des questions pour aller d'un lieu à un autre et répondez. Échangez-vous les rôles.**

1 Aller du collège à la bibliothèque.
2 Aller de la boulangerie à la piscine.
3 Aller du cinéma à la poste.
4 Aller du jardin public à la piscine municipale.
5 Aller de l'hôpital à la bibliothèque.
6 Aller de la boulangerie à la piscine municipale.

S'informer sur des horaires

6 1.18 **Écoute et répète.**

- *Pardon Madame, à quelle heure ouvre la bibliothèque ?*
  - La bibliothèque est ouverte toute la journée de 9h à 19h.
- *Excusez-moi, est-ce que la banque est ouverte entre midi et deux ?*
  - Non, la banque est fermée de 12h à 14h.
- *Est-ce que le magasin est ouvert le soir ?*
  - Le magasin est ouvert le soir uniquement le jeudi, jusqu'à 22h.
- *Est-ce que le musée d'Orsay est ouvert tous les jours ?*
  - Non, il est fermé le lundi toute la journée.

7 **Interaction** **À deux, regardez les horaires et faites des petits dialogues.** C

A

B

C

D

- La piscine est-elle ouverte entre midi et deux ?
  - Non, la piscine est fermée de 11h30 à 16h.

C competenza logico-matematica, imparare ad imparare e competenze sociali e civiche

Les pronoms relatifs

1 Relis le texte de la page 22 et complète les phrases.

Ma ville aurait des pistes cyclables pour les personnes ______ circulent à vélo.

I pronomi relativi permettono di mettere in relazione due frasi.

Il pronome ***qui***, come soggetto, si usa sia per le cose sia per le persone e non si apostrofa mai.
*Le professeur **qui** arrive est le nôtre.*

Il pronome ***que***, come complemento oggetto, si usa sia per le cose sia per le persone.
*Le livre **que** je viens de lire est très intéressant.*

Il pronome ***où*** sostituisce un complemento di luogo o di tempo.
*Dans la ville **où** nous habitons, on fait le tri sélectif.*
*Samedi est le jour **où** je vais à la piscine.*

2 Complète les phrases avec *qui* ou *que*.

1 Nous rencontrons nos copains qui sont arrivés hier.
2 Voici le film ________ je veux aller voir.
3 C'est Monica Bellucci l'actrice ________ j'aime le plus.
4 C'est une voiture ________ ne pollue pas.
5 Comment s'appelle le professeur ________ nous reçoit ?
6 C'est une fille ________ lutte contre la pollut

3 Forme une seule phrase à l'aide d'un pronom relatif comme dans l'exemple.

1 Je lis un livre. Le livre parle d'aventures.
Je lis un livre qui parle d'aventures.
2 J'ai vu une émission. L'émission parlait de la sauvegarde de l'environnement.
____
3 Je vous présente Lila et Tonin. Ils habitent à Brest.
____
4 C'est la lettre. J'attendais cette lettre.
____

4 Médiation Traduis ces phrases.

1 Non so dove abita Jade.
Je ne sais pas où habite Jade.
2 Ecco i miei compagni che arrivano.
____
3 È la sala dove ci sarà la lezione.
____
4 Il tennis è lo sport che amo.
____

Les adjectifs à double forme au masculin singulier

5 Lis cette phrase, que remarques-tu ?

Mon nouveau copain habite dans un nouvel immeuble du centre-ville.

In francese, cinque aggettivi hanno una doppia forma al maschile singolare.

Masculin singulier		
beau	/	bel
vieux	/	vieil
nouveau	/	nouvel
fou	/	fol
mou	/	mol

La prima forma (*beau, vieux,.....*) si usa davanti a consonanti o *h* aspirata.
*Je porte un **nouveau** pullover.*

La seconda forma (*bel, vieil, ...*) si usa davanti a una vocale o una h muta.
*Nous avons visité un **nouvel** appartement.*

FOCUS

Al maschile plurale si usano: ***beaux***, ***vieux***, ***nouveaux***, ***fous***, ***mous***.
Il femminile si costruisce sulla seconda forma del maschile raddoppiando la consonante finale.
Femminile singolare: ***belle***, ***vieille***, ***nouvelle***, ***folle***, ***molle***.
Femminile plurale: ***belles***, ***vieilles***, ***nouvelles***, ***folles***, ***molles***.

6 Choisis la forme correcte de ces adjectifs au masculin singulier.

1 un *beau* / *bel* appartement.
2 un *nouvel* / *nouveau* projet.
3 un *vieil* / *vieux* ami.
4 un oreiller *mou* / *mol*.
5 un *nouvel* / *nouveau* ordinateur.
6 un *fol* / *fou* artiste.
7 un *vieil* / *vieux* vélo.
8 un *bel* / *beau* accordéon.

7 Complète avec l'adjectif correct.

nouvel • mous • nouveau • beau • nouvelle
~~vieux~~ • fou • vieil

1 C'est un *vieux* copain.
2 Tes gants sont ____________.
3 Je dois préparer un ____________ exposé.
4 J'ai un désir ____________ de rencontrer ma chanteuse préférée.
5 Je viens d'acheter un roman d'un ____________ romancier.
6 Une ____________ fille est arrivée hier en 3e.
7 Qui est le ____________ garçon qui arrive ?
8 Léa habite dans le ____________ immeuble derrière le collège.

8 Complète avec l'adjectif correct.

1 Deux *vieux* ours en peluche. (*vieux*)

2 Trois ____________ poupées. (*vieux*)

3 Deux bonbons ____________ (*mou*).

4 Trois ____________ robes. (*nouveau*)

5 Deux ____________ tableaux. (*vieux*)

6 Un ____________ arbre. (*vieux*)

Les pronoms personnels COD

9 Relis le texte de la page 22 et complète la phrase.

Voilà ma ville idéale, je ________ aime déjà !

I pronomi complemento oggetto (COD → Complément d'Objet Direct) sostituiscono un nome e rispondono alla domanda *chi? che cosa?*

	Singulier	Pluriel
1ère personne	me / m'	nous
2e personne	te / t'	vous
3e personne	le / l', la , l'	les

Questi pronomi si collocano prima del verbo a cui si riferiscono e si apostrofano davanti a vocale o h muta.
Nous demandons des renseignements. → *Nous* ***les*** *demandons.*
J'appelle Marie-Ange. → *Je* ***l'****appelle.*

I pronomi complemento si collocano prima del verbo anche nelle frasi negative.
Les copines de Julie ? Je ne ***les*** *connais pas.*

FOCUS

Con i verbi ***aller***, ***venir***, ***devoir***, ***pouvoir***, ***savoir***, ***vouloir*** seguiti da un infinito, i pronomi complemento si collocano prima dell'infinito.
Je vais voir Hugo. Je vais ***le*** *voir demain.*

10 Complète les phrases avec les pronoms COD corrects.

1 Quentin, je *l'*appellerai avant de sortir pour aller au tennis !
2 Le prof ? Je ________ ai vu devant le collège.
3 Je vais chez Caroline, tu ________ accompagnes ?
4 Nos copines, je ________ revois tous les jours après le collège.
5 S'il vous plaît, vous pouvez ________ aider ? Je cherche la boulangerie.
6 Tu viens au cinéma ? Nous ________ appelerons pour fixer l'heure du rendez-vous.
7 Nous allons à la piscine, la mère de Paul ________ accompagne en voiture.
8 Alors tu sais ta leçon ? Oui je ________ sais !

11 Réponds en utilisant les pronoms COD.

1 Tu invites tes copains ?
Oui, *je les invite.*
2 Nous avons nos sacs à dos ?
Oui, ____________________
3 Il prend son cahier ?
Oui, ____________________
4 On achète cette règle ?
Oui, ____________________
5 Vous avez vos livres ?
Oui, ____________________
6 Tu sais tes leçons pour lundi ?
Oui, ____________________
7 Je peux prendre la gomme ?
Oui, ____________________
8 Tu as ton chapeau ?
Oui, ____________________

12 Transforme les phrases en utilisant les pronoms COD.

1 Nous rencontrons la maman de Lucas.
Nous la rencontrons.
2 Il visite la ville de Bruxelles.
Il ____________________
3 Elles aiment les musées.
Elles ____________________
4 Je veux goûter ce chocolat.
Je ____________________
5 Nabil et Carole ont vu ce film ?
Ils ____________________
6 Je suis malade et je prends des médicaments.
Je ____________________

13 1.19 Écoute et complète les phrases que tu entends.

1 Elle *le* voit demain à 8h00.
2 Tu ne _____ aimes pas, tu _____ détestes.
3 Tu _____ adores, mais il ne _____ aime pas.
4 Nous _____ avons vus manger une crêpe.
5 Vous _____ avez rencontrés à la piscine.
6 La tarte, je dois _____ préparer avant de sortir.

Le superlatif relatif

Il superlativo relativo in un confronto esprime il grado più alto o più basso di una qualità o di un difetto. Si forma con **le** / **la** / **les** + **plus** / **moins** + aggettivo o avverbio + **de** (**du** / **de la** / **de l'**/ **des**).

Manon est ***la moins*** *bavarde* ***de la*** *classe.*
C' est ***le plus*** *grand* ***des*** *élèves.*

FOCUS

Bon, ***mauvais*** e ***bien*** hanno il superlativo di maggioranza irregolare.
+ bon → le meilleur
+ mauvais → le pire
+ bien → le mieux
La meilleure *documentation* ***du*** *CDI.*
C'est ***la pire*** *note* ***de*** *l'année.*
C'est la fille ***la mieux*** *habillée* ***du*** *groupe.*

14 Transforme au superlatif.

1 Le film / intéressant / année. (+)
Le film le plus intéressant de l'année.
2 Les déchets / dangereux / monde. (+)
____
3 La voiture / polluante / ville. (-)
____
4 La fille / sportive / famille. (+)
____
5 Le copain / paresseux / groupe. (+)
____

15 Remets les mots dans l'ordre pour former des phrases.

1 est / la plus / la ville / d' Europe / visitée / Paris.
Paris est la ville la plus visitée d' Europe.
2 polluée / est / la ville / la moins / Lorient / de France.
____
3 La Veules / est / le fleuve / le moins / de France / long.
____
4 visité / est / le plus / La tour Eiffel / le monument / de Paris.
____

16 Complète avec les superlatifs irréguliers.

1 Zoé est ____________ notée de la classe. (+ *bien*)
2 Kévin est ____________ musicien de son groupe. (+ *bon*)
3 Hugo est ____________ élève du collège. (+ *mauvais*)

Grammaire en ligne
elilaspigaedizioni.it

1 **Invente des phrases contenant les pronoms relatifs *que*, *qui*, *où*.**

1 C'est le jardin public
où il vient se promener.

2 C'est l'avion

____

3 C'est la ligne n.84

____

4 C'est la piscine

____

5 C'est le stade

____

6 C'est le cinéma

____

C **2** **EXAMEN** **Production écrite** **Écris un court texte, pour le journal de ton collège, où tu décris la ville où tu habites (transports en commun, services, aspects positifs, ...).**

____
____
____
____
____
____
____
____
____
____
____
____
____

Écouter

1 1.20 **Écoute les annonces et associe-les aux photos.**

A ☐

B ☐

C ☐

D ☐

E ☐

F ☐

Outils

Per questo tipo di attività non devi capire tutte le parole ma devi fare attenzione ai rumori che ti permetteranno di individuare in che luogo sono stati registrati gli annunci.

Lire

2 **Associe les panneaux aux phrases correspondantes.**

1 ☐ Regarde, il y a un pont mobile.
2 ☐ Limite ta vitesse !
3 ☐ Fais attention à la projection de gravillons.
4 ☐ Voici un autre carrefour à sens giratoire.
5 ☐ Ce chemin est obligatoire pour les piétons.
6 ☐ Non, tu ne peux pas te garer ici, le stationnement est interdit.

A

B

C

D

E

F

Écrire

3 **Tu es à Paris avec tes parents et tu écris à un copain. Tu lui décris la ville, le temps qu'il fait et tu lui parles de ce que tu fais avec tes parents. Aide-toi des photos.**

Parler

4 **Pose des questions à partir de ces mots.**

avenue ?

train ?

billet ?

avion ?

voiture ?

horaires ?

Hai finito la quattordicesima unità! Ora puoi metterti alla prova con il percorso a tappe nel tuo libro digitale. *Bonne chance!* C

C competenza digitale

Bilan Unités 13-14

1 Traduis ces mots.

1 piazza: ____________
2 stadio: ____________
3 comune: ____________
4 banca: ____________
5 mensa: ____________
6 preside: ____________

___ 6 points

2 Transforme ces phrases au futur proche (FP) ou au présent continu (PC).

1 Nous restons chez nous. (FP)
____
2 Ils mangent un bon dessert. (PC)
____
3 Vous regardez la télé. (FP)
____
4 J'achète de belles chaussures. (PC)
____
5 Nous visitons le musée du Louvre. (FP)
____
6 Carla prend une douche. (PC)
____

___ 6 points

3 Complète les phrases avec l'adjectif à la forme correcte.

1 J'ai des (*nouveau*) ____________ copains.
2 J'ai mangé des gâteaux (*mou*) ____________.
3 Il a rencontré un (*vieux*) ____________ ami.
4 Je passe mes vacances dans la (*beau*) ____________ ville de Saint-Malo.
5 J'écoute une (*vieux*) ____________ chanson de Zaz.
6 Je viens de recevoir un cadeau (*fou*) ____________!

___ 6 points

4 Complète les phrases avec les pronoms COD.

1 Je vais chez mes copains pour ____________ aider à faire les exercices de maths.
2 Regarde ce livre ! Je pense ____________ acheter pour Coralie.
3 Ma maman, je ____________ appelle tous les soir quand je suis en vacances.
4 Sa guitare et sa batterie il ____________ vend toutes les deux.
5 Le nouveau professeur ? Nous ____________ avons vu parler avec la directrice.
6 J'aime ton pantalon noir. Tu vas ____________ mettre cet après-midi ?

___ 6 points

5 Transforme ces phrases en utilisant le superlatif relatif. Attention aux exceptions !

1 La copine de Juliette est ____________ sa classe. (+ *grande*)
2 C'est la maison ____________ quartier. (- *belle*)
3 C'est (+) ____________ son groupe. (+ *jeune*)
4 Carole est ____________ sa classe. (+ *bonne*)

___ 4 points

6 Médiation. Traduis ces phrases.

1 Scorgiamo i tuoi amici che arrivano.
____
2 Voi concepite una poesia.
____
3 Sarah riceve una cartolina che le piace.
____
4 Tu ricevi dei soldi per il tuo lavoro.
____
5 I miei compagni deludono i loro genitori che li amano.
____
6 Ricevo un regalo che non mi piace.
____

___ 6 points

Dopo aver fatto gli esercizi e verificato i risultati sul sito www.elilaspigaedizioni.it, segna cosa sai fare. Attenzione! Per poter mettere la crocetta, devi aver ottenuto almeno la metà dei risultati esatti per ogni esercizio.

Je sais utiliser

- ☐ du lexique français ;
- ☐ le futur proche et le présent continu ;
- ☐ les adjectifs à double forme ;
- ☐ les pronoms COD ;
- ☐ le superlatif relatif ;
- ☐ les verbes ***recevoir***, ***apercevoir***, ***concevoir***, ***décevoir***.

Scegli la risposta giusta segnandola con una crocetta.

1 Aujourd'hui Amandine

a ☐ est faire ses devoirs.
b ☐ est en train de faire des devoirs.
c ☐ est en train faire ses devoirs.
d ☐ est train de faire ses devoirs.

2 Plus tard Laurent

a ☐ va sort.
b ☐ est sorti.
c ☐ sortait.
d ☐ va sortir.

3 Charlotte est une fille

a ☐ très paresseuse.
b ☐ tres paresseuse.
c ☐ trés paresseuse.
d ☐ trè paresseuse.

4 À Noël je

a ☐ recoit des cadeaux.
b ☐ reçoit des cadeaux.
c ☐ reçois des cadeaux.
d ☐ recevoit des cadeaux.

5 Comment est ce roman ?

a ☐ Le roman qui j'ai lu est très intéressant.
b ☐ Le roman que j'ai lu est très intéressant.
c ☐ Le roman qu'ai lu est très intéressant.
d ☐ Le roman qui ai lu est très intéressant.

6 Hier soir, j'ai vu un film avec un

a ☐ nouveau acteur.
b ☐ nouvel acteur.
c ☐ nouvelle acteur.
d ☐ nouveaux acteur.

7 Regarde la nouvelle copine de Camille arrive.

a ☐ Je la présente à la bande.
b ☐ Je le présente à la bande.
c ☐ Je leur présente à la bande.
d ☐ Je lui présente à la bande.

8 Attention

a ☐ le professeur regarde toi.
b ☐ le professeur regarde te.
c ☐ le professeur t'regarde.
d ☐ le professeur te regarde.

9 Avez-vous fait vos devoirs ?

a ☐ Oui, nous les avons faits.
b ☐ Oui, les nous avons faits.
c ☐ Oui, nous avons les faits.
d ☐ Oui, les avons-nous faits.

10 J'ai écouté

a ☐ le plus meilleur CD de l'année.
b ☐ plus meilleur CD de l'année.
c ☐ le meilleur CD de l'année.
d ☐ le plus CD de l'année.

1 Regarde la vidéo et coche V (Vrai) ou F (Faux).

	V	F
1 La première scène se passe au téléphone.	☐	☐
2 La dame connaît le lycée.	☐	☐
3 Le lycée se trouve à 15 minutes à pied.	☐	☐
4 Julien joue dans un groupe de rock.	☐	☐
5 Souleymane voudrait apprendre à jouer du piano.	☐	☐
6 La sœur de Souleymane joue de la flûte.	☐	☐

2 Coche l'itinéraire correct pour aller au lycée.

A ☐

Prendre à droite le boulevard Saint-Germain,
Prendre à gauche,
Continuer tout droit jusqu'au feu,
Prendre à gauche.

B ☐

Continuer tout droit jusqu'au boulevard Saint-Germain,
Prendre à gauche,
Continuer tout droit jusqu'au feu,
Prendre à droite.

C ☐

Continuer tout droit jusqu'au boulevard Saint-Germain,
Prendre à droite,
Continuer tout droit jusqu'au feu,
Prendre à gauche.

3 Complète le dialogue.

• Moi, c'est le piano !
• elle fait de la flûte au conservatoire
• l'école de musique de mon quartier
• De la batterie • Le violon
• la trompette • un groupe de rock
• c'est la guitare.

Souleymane : De quel instrument est-ce qu'il joue ?

Julien : ________________. Et il est très bon. Il joue dans ________________ depuis quelques mois. Si ça t'intéresse, je te donnerai la date de leur prochain concert.

Souleymane : Je veux bien. J'adore le rock ! Et toi, quel est ton instrument préféré ? ________________, j'imagine !

Julien : Celui que je préfère, ________________ ________________

Souleymane : Mais... Tu fais pourtant du violon ?

Julien : Oui, c'est vrai, mais je me suis rendu compte que l'instrument que j'aime le plus, c'est la guitare. Et je vais peut-être commencer des cours à la rentrée prochaine. Il paraît qu'il y a un très bon prof à ________________

Souleymane : Génial ! Tu pourras jouer avec ton frère comme ça !

Julien : Oui, ce serait super ! Et toi, quel est ton instrument préféré ?

Souleymane : ________________ Malheureusement, c'est trop cher, et ça prend beaucoup de place ! Mais j'aime aussi beaucoup ________________

Julien : La trompette ? C'est un instrument difficile !

Souleymane : Oui, mon oncle en a une. Il en jouait lorsqu'il était ado. Alors, il va me la prêter, et je vais commencer par prendre quelques cours. Et puis, on verra.

Julien : Et ta sœur, elle joue d'un instrument, non ?

Souleymane : Oui, ________________

COMPITI DI REALTÀ

Élaborer une brochure touristique

L'assessore al Turismo della vostra città ha chiesto alla vostra scuola di creare, con l'aiuto di alcuni docenti, un opuscolo illustrato in lingua straniera che possa presentare la città. Ricordate che l'opuscolo dovrà presentare la città dal punto di vista storico e culturale, e contenere informazioni che possano essere d'aiuto ai turisti stranieri. Alcune notizie potrebbero servire ad aggiornare il sito web del comune.

- **Fate una ricerca su notizie storiche, geografiche, economiche, culturali, meteorologiche della città; sui musei, negozi, bar, ristoranti: orari di apertura e di chiusura; sui trasporti cittadini e i collegamenti con le principali città.**
- **Realizzate un servizio fotografico e / o delle riprese video per illustrare l'opuscolo o il sito web.**
- **Simulate su un foglio di carta l'opuscolo con la posizione delle foto e dei testi.**
- **Fate una semplice versione in lingua straniera dell'opuscolo.**
- **Create al computer l'opuscolo.**

CON QUALI COMPETENZE ?

Per questo compito dovrai
- comunicare in lingua italiana e in francese
- usare competenze digitali
- usare competenze sociali e civiche
- esprimere consapevolezza ed espressione culturale
- utilizzare le competenze acquisite a scuola e al di fuori della scuola per portare a termine il compito
- dimostrare spirito di iniziativa
- essere creativo nella gestione di un progetto

L'opuscolo (in francese *la brochure*) è composto da poche pagine rilegate tra di loro (con un cordoncino ad esempio). Preparate un progetto su più fogli (formato A4) in modo che sia chiaro come distribuire il testo e le foto. I testi devono essere di immediata comprensione.

Dossier H

Obiettivi comunicativi

Unité 15

- Chiedere e dire come ci si sente.
- Chiedere e dare un consiglio.

Unité 16

- Informarsi su qualche cosa.
- Esprimere la sorpresa e l'ignoranza.

Compétences ACTIVES

COMPITI DI REALTÀ

Alla fine di questo dossier (pagina 67) ti sarà proposto il seguente compito di realtà:

- **La protezione degli animali selvaggi è un problema che vi interessa e su cui avete discusso in classe. Volete promuovere delle azioni per la salvaguardia di alcune specie tra gli alunni della vostra scuola, tra i vostri genitori e l'ufficio tutela animali del vostro comune.**

La vloggeuse Lou, nel suo vlog compact, oggi vi dirà alcune espressioni simpatiche e informali riguardanti la salute.

Bon à savoir…

1 **Compréhension audiovisuelle** **L'espressione *Je suis vraiment patraque* significa**

a ☐ sono esausta! b ☐ la piscina mi sfianca! c ☐ non sto bene!

2 **Per dire che non si sta bene si usano le espressioni *(puoi dare più risposte)***

a ☐ je suis à plat ! b ☐ je suis barbouillé ! c ☐ j'ai la pêche !

3 **Per dire che si sta bene si usano le espressioni**

a ☐ j'ai la pêche ! b ☐ j'ai la frite ! c ☐ j'ai la fraise !

4 **Per dire che si ha la nausea si usa l'espressione**

a ☐ j'ai mal au ventre ! b ☐ j'ai mal au cœur ! c ☐ j'ai mal à la tête !

15 Je suis allergique !

1 1.21 **Écoute et lis le dialogue.**

Léa, Yanis et Rita sont chez Nathan pour étudier.

Léa Merci Nathan de nous inviter chez toi.

Nathan De rien, c'est plus sympa de préparer notre exposé ici. Il y a de la place et on a mon ordi pour faire nos recherches.

Yanis Oui, super, avec les filles en plus, ça va aller vite...

Rita Tu ne comptes pas nous aider ?

Yanis Mais si, t'inquiète !

Léa (*Atchoum !*)

Rita Ben qu'est-ce que tu as ? Tu as les yeux très rouges. Ça ne va pas ? Tu n'as pas l'air très bien tout à coup.

Léa Tu as des animaux ici Nathan ?

Nathan Oui, j'ai un chat et un chaton... et un chien.

Léa (*Atchoum !*) Désolée, je ne vais pas pouvoir rester, je suis allergique aux poils de chats et aux acariens.

Nathan Oh, je ne savais pas. Qu'est-ce que ça te fait ?

Léa Je me sens mal, j'éternue, je tousse... Puis, je commence à me gratter...

Yanis C'est terrible de ne pas pouvoir rester dans un lieu avec des animaux.

Léa Je sais... mais je suis habituée... (*Atchoum* !) Je vais vous laisser et je vous appelle quand je suis chez moi, comme ça on travaillera quand même ensemble.

Rita Si tu veux... mais alors je viens avec toi comme ça tu ne seras pas seule.

Léa C'est gentil.

Yanis Et les filles, ne nous laissez pas tomber pour l'exposé, hein ?

Rita Tu comptais vraiment sur nous, pas vrai ? !

DICO

l'ordi = l'ordinateur	**chauffer :** riscaldare
le chaton : il gattino	**le linge :** la biancheria
les poils : i peli	**les draps :** le lenzuola
les acariens : gli acari	**le rideau :** la tenda
éternuer : starnutire	**la poussière :** la polvere

2 1.21 **Compréhension orale Réécoute le dialogue, puis coche vrai (V), faux (F) ou non mentionné (NM). Corrige les affirmations fausses dans ton cahier.**

	V	F	NM
1 Les copains sont chez Nathan.	☒	☐	☐
2 Les copains doivent préparer un exposé d'histoire.	☐	☐	☐
3 Yanis compte sur le travail des filles.	☐	☐	☐
4 Léa a des animaux.	☐	☐	☐
5 Nathan est allergique.	☐	☐	☐
6 Léa peut rester avec ses copains.	☐	☐	☐

3 Compréhension écrite Lis le document et réponds aux questions.

Alerte allergie !

La meilleure défense contre les allergies, c'est de réduire les risques !
Dans ta chambre idéale,

- interdis l'entrée aux chats, aux chiens, à tous les animaux domestiques ;
- ne chauffe pas trop la pièce ;
- choisis des oreillers et du linge de lit spécial, évite la laine ;
- lave tes draps régulièrement ;
- aère ta chambre tous les jours pendant 20 minutes ;
- range tes vêtements dans une armoire fermée, enlève les tapis et la moquette au sol et les rideaux qui attrapent la poussière.

1 Quel est le sujet du texte ?
Comment réduire les risques d'allergie.

2 Quelle pièce de la maison est prise en exemple ?
____

3 Quels sont les conseils donnés par rapport aux animaux ?
____

4 Comment doit être le lit ?
____

5 Où doit-on ranger les vêtements ?
____

6 Pourquoi faut-il éviter les tapis et les rideaux ?
____

Phonétique

Les sons [b] et [v]

4 1.22 **Écoute, observe et fais attention aux sons [b] et [v].**

1 **b**anc	3 a**bb**é	5 **v**ague	7 surplom**b**
2 **v**eine	4 o**b**jet	6 **w**agon	8 clu**b**

Il suono [**b**] corrisponde alle grafie :
- b *ro**b**e, **b**é**b**é*
- bb *a**bb**aye*

Attenzione la lettera *b* non si pronuncia dopo una vocale nasale, come in *plomb*.

Il suono [**v**] corrisponde alle grafie :
- v ***v**enir, **v**ie, a**v**oir*
- w ***w**agon*

15 Lexique

Le corps humain

1 1.23 **Écoute et complète le texte avec les mots donnés.**

yeux • menton • front • bouche • oreilles • joues • dents • nez • ~~visage~~ • lèvres

Jeanne a un (1) *visage* ovale. Elle a un large (2) ___________. Ses (3) ___________ sont marron et ses (4) ___________ roses. Son (5) ___________ est fin et sa (6) ___________ et ses (7) ___________ sont grandes. Elle a les (8) ___________ blanches. Elle a les (9) ___________ un peu décollées et un (10) ___________ rond.

La santé et les maladies

2 1.24 **Associe les phrases aux dessins. Écoute et vérifie.**

1 [C] Il a mal au ventre et il a envie de vomir.

2 [ ] Elle a mal aux dents : elle a une rage de dents.

3 [ ] Elle tousse : elle a une bronchite.

4 [ ] Il a mauvaise mine, il a mal à la tête et il a de la fièvre : il a la grippe.

5 [ ] Elle a mal à la gorge et a le nez qui coule : elle a un rhume.

6 [ ] Il a une entorse au pied ou une fracture ? Il faut faire une radio.

A
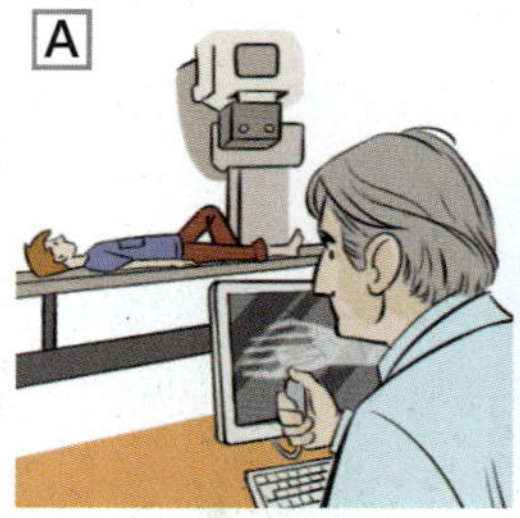

B

C

D

E

F

3 1.25 **Complète. Écoute et vérifie.**

analyse de sang • sirop • varicelle • ~~température~~ • médecin • angine • boutons • pharmacie thermomètre • comprimés • piqûres • hôpital • pansement

Emma n'est pas bien. Elle a pris sa (1) *température* avec un (2) ________________ : elle a 39°. Elle ne va pas à l'(3) ________________ , mais chez le (4) ________________ Elle n'a pas de (5) ________________ , donc ce n'est pas la (6) ________________ . Elle fait une (7) ________________ même si elle a peur des (8) ________________ , mais l'infirmière met un (9) ________________. Le docteur annonce qu'elle a une (10) ________________. À la (11) ________________, elle achète des (12) ________________ et du (13) ________________ pour la gorge.

4 Qui consultez-vous si vous rencontrez ces problèmes de santé ? Associez.

1 le médecin généraliste
2 l'allergologue
3 l'ophtalmologue
4 le dermatologue
5 le dentiste
6 le cardiologue

a ☐ la myopie
b ☐ des battements de cœur trop violents
c ☐ de l'acné
d ☐ des gencives douloureuses
e ☐ 1 mal au ventre
f ☐ une allergie

5 Complète avec les mots donnés, puis écoute et vérifie.

indigestion • ~~angine~~ • rougeole • rhume • entorse • bronchite • otite • allergie • grippe

1 Elle est malade : elle a mal à la gorge et aux oreilles, elle a une angine et une ________.
2 Il a mal à la tête et il a de la fièvre : il a la ________.
3 Elle tousse : elle a une ________.
4 Il a une ________ : il a mal au ventre.
5 Il a des boutons, il a attrapé la ________.
6 Il a le nez qui coule : il a un ________.
7 Elle éternue beaucoup : elle fait une ________ aux pollens.
8 Il a mal au pied : il a une ________.

Pause culture

Les ados vont bien !

C **6 Regarde la vidéo et réponds aux questions.**

1 Selon l'enquête, les adolescents français
a ☐ vont bien.
b ☐ vont mal.
c ☐ n'ont pas répondu aux questions.

2 Les adolescents mangent
a ☐ moins de sucreries.
b ☐ trop de pâtes.
c ☐ mal.

3 Les jeunes français
a ☐ font beaucoup d'activités physiques.
b ☐ font des activités manuelles.
c ☐ font peu d'activités physiques.

4 Combien de temps passent-ils devant un écran ?
a ☐ Plus de deux heures par jour.
b ☐ Moins de deux heures par jour.
c ☐ Plus de quatre heures par jour.

7 Peux-tu dire comment vont les ados français ?

____
____

8 Peux-tu dire quelles sont leurs bonnes habitudes et les moins bonnes ?

____
____
____

Phonétique

Les sons [b] et [v]

9 1.26 Écoute et complète avec les lettres qui manquent.

1 Dans la Beauce il y a ___eaucoup de champs de ___lé ___lond .
2 Pour me rendre dans la ___ille de ___ichy j'ai pris un TG___ et j'ai ___oyagé dans la ___oiture 5. J'ai déjeuné dans le ___agon-restaurant.
3 Des ___agues hautes ont su___mergé le ___ateau qui faisait le ___oyage he___domadaire pour ___elle- île-en-mer.
4 Je n'ai pas en___ie d'a___aler cette ___ouchée de ___iande de ___eau.

Demander et dire comment on se sent

1 1.27 **Écoute et répète.**

- *Qu'est-ce que tu as ?*
  - J'ai mal à la tête.
  - J'ai mal au ventre.
- *Où est-ce que tu as mal ?*
  - J'ai mal à la gorge.
- *Tu vas bien ?*
  - Oui, merci, je me sens bien.
  - Non, je ne me sens pas bien.
- *Comment tu te sens ?*
  - Ça va, merci.
  - Pas très bien.
- *Tu n'as pas l'air d'aller bien.*
- *Tu as mauvaise mine.*
- *Tu n'as pas l'air en forme.*
  - C'est vrai, je suis fatigué.
  - Docteur, je suis tombé et j'ai très mal à la jambe.
- *On va faire une radio. Voici des médicaments pour calmer la douleur.*

C **2** Interaction **Avec un copain. Regardez les dessins, imaginez les dialogues et jouez-les.**

- *Qu'est-ce que tu as ? Tu n'as pas l'air d'aller bien.*
  - *J'ai mal à la jambe.*

C imparare ad imparare e competenze sociali e civiche

3 Et toi ? **Tu as été malade. Raconte.**

4 Interaction **À deux. Jouez le dialogue en suivant ce canevas.**

Tu vas chez le médecin, tu le salues.

Tu salues ton patient et tu lui demandes ce qu'il a.

Tu réponds qu'en ce moment tu es fatigué et que tu as mal au ventre.

Tu expliques qu'il faut faire des analyses de sang.

Tu dis que tu n'aimes pas les piqûres.

Tu dis qu'il faut le faire. Et tu fais une ordonnance.

Tu dis que tu as beaucoup d'examens au collège en ce moment.

Tu dis que c'est le stress qui donne mal au ventre. Tu dis qu'il suffit de prendre des vitamines et de bien étudier ses leçons.

Tu remercies et tu t'en vas.

Tu salues.

Demander et donner un conseil

5 1.28 **Écoute et répète.**

- *Qu'est-ce que je dois faire ?*
  - Je te conseille de rentrer chez toi.
  - Tu peux t'allonger un peu.
  - Tu dois prendre une aspirine.
- *Qu'est-ce qu'il faut faire en cas de maladie ?*
  - Tu dois téléphoner au médecin.
  - Il faut se reposer.
  - Prends du sirop !
- *Tu peux m'aider ?*
  - Oui, bien sûr !
  - Oui, d'accord !

6 Interaction **À deux et à tour de rôle. Posez-vous des questions et répondez.**

1 Qu'est-ce qu'il faut faire pour être en forme ?
Il faut manger des fruits et des légumes et il faut faire du sport.

2 Qu'est-ce qu'il faut faire quand on est fatigué ?
____
____

3 Qu'est-ce que je dois faire pour avoir de bonnes notes en français ?
____
____

4 Tu peux m'aider à faire cet exercice ?
____
____

7 Et toi ? **Donne tes bons conseils à un copain pour rester en forme, pour bien travailler en classe, pour être bon en sport et pour avoir plein de copains.**

Pour rester en forme, je te conseille de faire du sport 2 fois par semaine, ...
____
____
____
____
____
____
____

Les pronoms personnels COI

1 Lis cette phrase, que remarques-tu ?

Bastien, je te rappelle que tu dois travailler pour l'interro d'histoire.

I pronomi personali complemento di termine (COI → Complement d'Objet Indirect), sostituiscono un nome già espresso e rispondono alla domanda *a chi? a che cosa?*

Pronoms sujets	*Pronoms COI*
Je	me / m'
Tu	te / t'
Il / Elle / On	lui
Nous	nous
Vous	vous
Ils / elles	leur

Questi pronomi si collocano prima del verbo a cui si riferiscono, anche nelle frasi negative.
Je te parle.
*Je ne **te** parle pas.*

2 Complète ces phrases avec le pronom personnel COI correct.

1 Je *lui* montre des CD. (*à un copain*)
2 Le professeur d'histoire VOUS pose des questions. (*à vous*)
3 Mon grand-père NOUS fait un cadeau. (*à moi et à ma sœur*)
4 Tu LEUR chantes une nouvelle chanson de Tal. (*à Jeanne et Claire*)
5 Nous TE donnons une part de gâteau. (*à toi*)
6 Ils ME parlent en français. (*à moi*)
7 Je LUI écris une lettre. (*à Tonin*)
8 Nous VOUS donnons l'argent pour les courses. (*à vous*)
9 Elle NOUS envoie un cadeau pour Noël. (*à moi et à mes parents*)
10 Le professeur LUI parle. (*à sa copine*)
11 Manon TE téléphone souvent le soir de sa chambre. (*à toi*)
12 Ma mère ME pose des questions sur l'école. (*à moi*)

3 Transforme ces phrases en utilisant le pronom personnel COI.

1 Il parle à Nicolas.
Il lui parle.
2 Tu souris à tes copains.
______
3 Nous téléphonons à Zoé et Camille.
______
4 Il répond à son père.
______
5 Vous écrivez à Cécilia.
______
6 Ils donnent le numéro de téléphone à mon frère.
______

4 COD ou COI ? Coche la bonne case.

	COD	COI
1 Il m'appelle.	✗	
2 Elle lui demande.		✗
3 Nous les écoutons.	✗	
4 Tu te regardes.		✗
5 Tu la prends.	✗	
6 Elle te parle.		✗

COD et COI avec l'impératif

All'imperativo affermativo i pronomi personali COD e COI si mettono sempre dopo il verbo uniti da un trattino.
*Regarde cette jupe, achète-**la** pour l'été.*
*Donne-**lui** son sac s'il te plaît.*

FOCUS

Attenzione, i pronomi COD ***me*** e ***te*** diventano ***moi*** e ***toi*** all'imperativo affermativo.
*Tu m'écoutes → Écoute-**moi** !*
*Tu te regardes → Regarde-**toi** !*

All'imperativo negativo i pronomi si mettono sempre prima del verbo.
*Ne **le** mange pas !*
*Ne **lui** parle pas ainsi !*

5 Transforme avec les pronoms COD ou COI.

1 Ils parlent aux parents de Marianne.
Ils leur parlent.

2 Nous faisons les exercices de SVT.
____

3 Tu comprends le professeur anglais.
____

4 Elle écrit à ses amis japonais.
____

5 Tu invites Philippe chez toi ?
____

6 Il écoute l'émission de radio.
____

7 Tu lis le livre à Julie.
____

8 Il obéit à ses professeurs !
____

6 Transforme à l'impératif affirmatif, puis à l'impératif négatif.

1 Vous me parlez.
Parlez-moi !
Ne me parlez pas !

2 Tu lui parles.
____
____

3 Nous l'appelons.
____
____

4 Tu dois te lever.
____
____

5 Vous la prenez.
____
____

6 Nous les rangeons.
____
____

Les pronoms *y* et *en*

I pronomi **y** e ***en*** si mettono sempre prima del verbo a cui si riferiscono.

• Il pronome **y** può avere funzione di

- complemento di luogo:
sostituisce un nome di luogo e si accompagna a un verbo che esprime stato o moto a luogo.
Je suis ***dans ma chambre****. → J'****y*** *suis.*
Demain je vais ***au collège*** *à 9h00. → Demain, j'****y*** *vais à 9h00.*

- complemento indiretto:
sostituisce nomi di cose, di animali o astratti, preceduti dalla preposizione à.
Je pense ***aux prochaines vacances****. J'****y*** *pense.*

• Il pronome ***en*** può aver funzione di

- complemento oggetto:
si usa per sostituire un nome preceduto da *du, de la, de l', des.*
J'ai acheté ***des chaussures*** *pour l'hiver. → J'****en*** *ai acheté pour l'hiver.*
- complemento di moto da luogo.
Il revient ***de la piscine****. → Il* ***en*** *revient.*

7 Réponds aux questions en utilisant le pronom *y*.

1 Ils vont à Toulouse en hiver ?
Non, *ils n'y vont pas.*

2 Nous pensons aux vacances d'hiver. Et toi ?
Moi aussi, ______________________________

3 Elles vont au collège à vélo. Et vous ?
Nous aussi, ______________________________

4 Je vais au cinéma samedi. Et toi ?
Non, ______________________________

5 Je serai en vacances en septembre. Et vous ?
Non, ______________________________

6 Je vais tous les étés en France. Et elle ?
Non, ______________________________

8 Transforme les phrases en remplaçant les mots soulignés par le pronom *y* ou *en*.

1 Il vient du tennis.
Il en vient.

2 Elles vont au centre-ville.
____

3 Nous sortons du cinéma.
____

4 Je monte au troisième étage.
____

5 Vous arrivez à la Gare de Lyon en bus.
____

6 On vient de la plage.
____

9 Réponds positivement (+) ou négativement (-) aux questions. Utilise le pronom *en*.

1 Faites-vous du sport le mercredi après-midi ? (+)
Oui, nous en faisons.

2 Ils mangent des fruits au goûter ? (-)
____

3 Prenez-vous des légumes à la cantine ? (+)
____

4 Est-ce qu'il manque des ingrédients pour faire le gâteau ? (-)
____

Les verbes *souffrir* et *connaître*

Présent de l'indicatif

Souffrir	*Connaître*
Je souffre	Je connais
Tu souffres	Tu connais
Il / Elle / On souffre	Il / Elle / On connaît
Nous souffrons	Nous connaissons
Vous souffrez	Vous connaissez
Ils / Elles souffrent	Ils / Elles connaissent

FOCUS

Il verbo *souffrir* fa parte dei verbi del terzo gruppo ma al presente dell'indicativo e all'imperativo si coniuga come i verbi del primo gruppo.
Come ***souffrir*** si coniugano i verbi: ***ouvrir*** (aprire), ***offrir*** (offrire), ***découvrir*** (scoprire), ***couvrir*** (coprire), …
Come ***connaître*** si coniugano i verbi: ***paraître*** (sembrare), ***apparaître*** (apparire), ***reconnaître*** (riconoscere), ***disparaître*** (sparire), ***réapparaître*** (riapparire),…
Per gli altri tempi vedi il ***Tableau des conjugaisons***.

10 Complète les phrases en conjuguant les verbes proposés au présent de l'indicatif.

offrir • connaître • disparaître • découvrir • couvrir • réapparaître • souffrir (2)

1 Tu connais la jeune fille qui est avec Laure ?
2 Nous _______________ un cadeau à Nathalie pour son anniversaire.
3 Elle _______________ toujours pendant la récréation.
4 Je _______________ la ville à vélo.
5 Il _______________ d'allergie au pollen.
6 Ils se _______________ car il fait froid.
7 Vous _______________ avant le repas.
8 Je suis malade car je _______________ d'allergie.

Grammaire en ligne
elilaspigaedizioni.it

1 **Qu'est-ce qu'ils sont en train de faire ? Regarde les dessins et décris les situations en utilisant les COI.**

1 *Je lui écris un petit mot.*

2

3

4

5

6

C **2** EXAMEN **Tu es malade. Avec ta mère tu es allé chez le médecin et après à la pharmacie. Tu racontes ta journée à un copain à qui tu écris un mail.**

C competenze sociali e civiche

15 Vers le DELF

Écouter

1 1.29 **Écoute l'enregistrement et réponds aux questions.**

1 Il s'agit d'une émission sur
- a ☐ la météo.
- b ☐ les allergies.
- c ☐ les régions françaises.

2 Le risque est très élevé
- a ☐ dans le Centre.
- b ☐ en Méditerranée.
- c ☐ dans le Nord.

3 Dans le Nord, les températures sont
- a ☐ douces.
- b ☐ basses.
- c ☐ hautes.

4 Les symptômes les moins fréquents sont des rhinites, des conjonctivites ainsi qu'une irritation de la gorge.

a ☐ Vrai. b ☐ Faux.

Lire

C **2 Regarde les dessins et associe-les aux conseils pour lutter contre l'allergie au pollen. Attention il y a cinq conseils et six dessins.**

Outils

In questa attività hai cinque consigli e sei disegni, quindi un disegno non corrisponde ad alcun consiglio. Leggi bene ogni consiglio per trovare gli indizi che ti permettono di associarlo in modo corretto.

1 ☐ Prenez vos médicaments sans attendre l'arrivée des premiers symptômes d'allergie.
2 ☐ Utilisez un déshumidificateur automatique.
3 ☐ Séchez votre linge à l'intérieur.
4 ☐ Faites un nettoyage de printemps afin d'éliminer les poussières accumulées durant l'hiver.
5 ☐ Après une sortie, rincez votre nez avec du sérum physiologique, changez de vêtements et lavez-vous les cheveux avant de vous mettre au lit.

Écrire

3 **Tu as été malade et ce matin tu n'es pas allé en classe. Tu écris à un copain pour lui expliquer tes problèmes et lui demander les devoirs.**

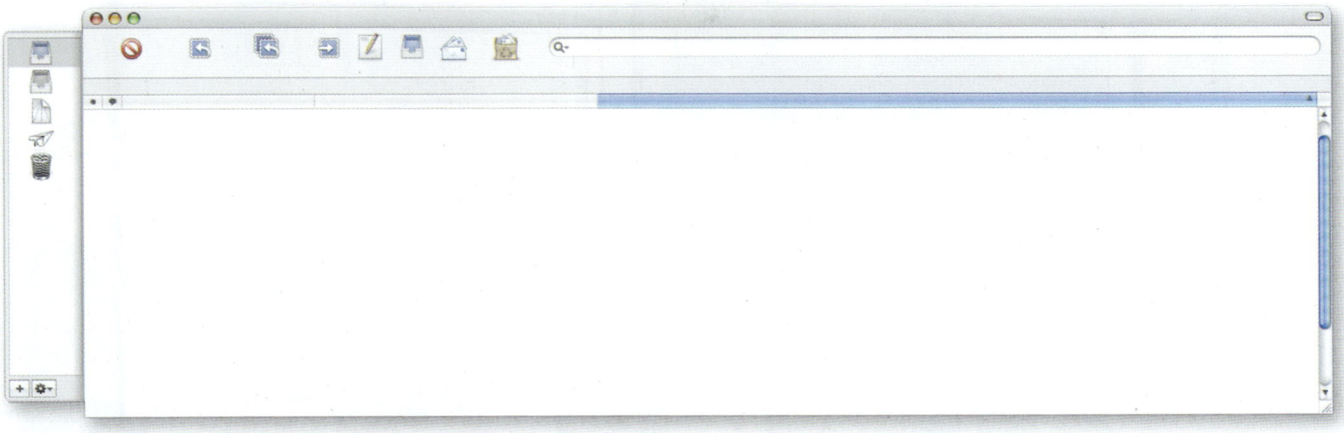

Parler

4 **À deux. Dans une pharmacie.**

Tu es en France et tu es malade. Tu te rends dans une pharmacie pour acheter des médicaments. Tu demandes le prix de quelques produits, tu choisis et tu paies. Un copain / Une copine joue le rôle du pharmacien.

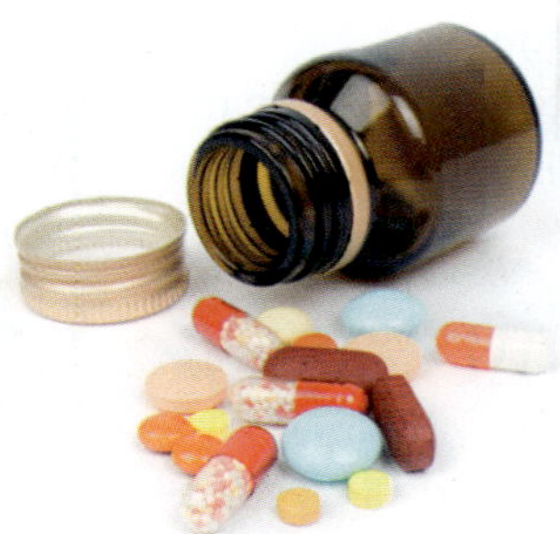

4,80 €

8,50 €

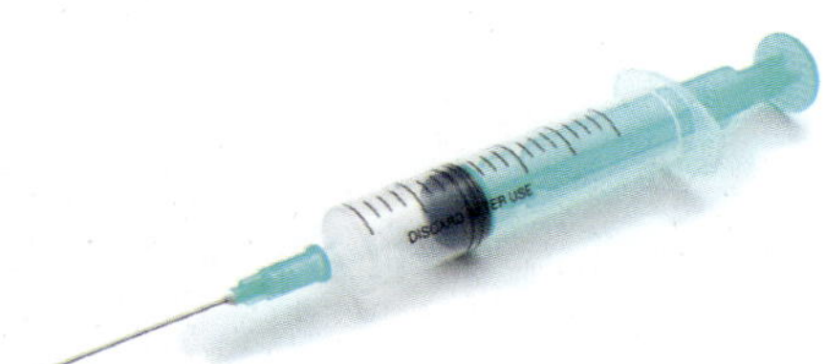

3,50 €

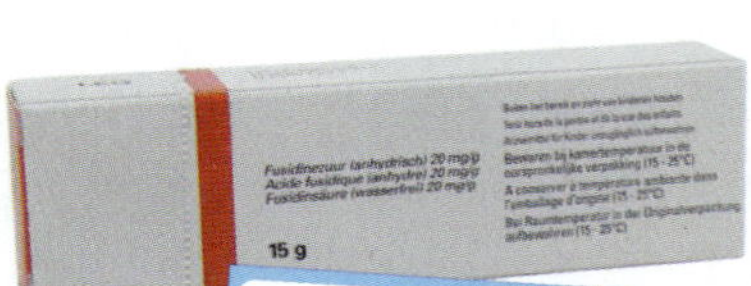

6,30 €

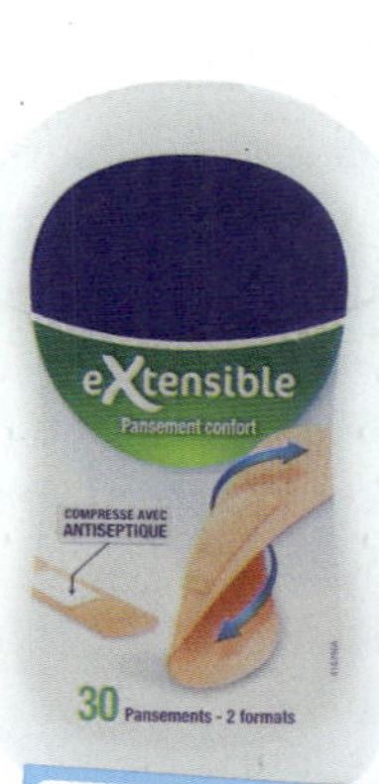

5,40 €

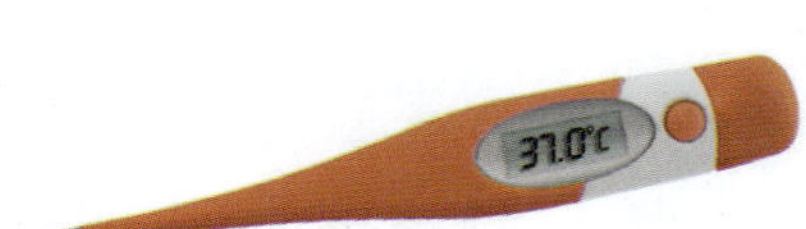

12,00 €

Hai finito la quindicesima unità! Ora puoi metterti alla prova con il percorso a tappe nel tuo libro digitale. *Bonne chance!* C

C competenza digitale

16 S.O.S. animaux

1 1.30 **Écoute et lis le texte.**

En classe, le prof accueille un journaliste de la revue Nature.

Journaliste Bonjour à tous. Je suis ici pour vous parler de mon dernier reportage. Vous devez savoir qu'il est possible d'aider à sauvegarder des espèces en voie de disparition grâce aux zoos. Je vous propose de lire mon article et ensuite nous en discuterons.

Sauvons des animaux sauvages en ville !

Chaque jour, de nouvelles espèces animales disparaissent. Il faut préserver ce qui peut encore l'être. Cela est possible à la Ménagerie du Jardin des Plantes de Paris.

Malheureusement, aujourd'hui certains animaux ne sont plus assez nombreux pour se reproduire : ils disparaissent. Mais, il existe un moyen pour aider à sauvegarder les espèces en danger. En plein cœur de Paris, le Jardin des Plantes est un lieu qui protège 1 800 animaux, dont un tiers représente des espèces menacées. Ici, il n'y a pas de girafe ou de rhinocéros car la surface du zoo est trop petite (à peine 5 ha). Mais, on peut admirer des espèces très rares. Les chevaux de Przewalski sont un bon exemple de la biodiversité. Cet animal avait disparu dans la nature, mais il a été réintroduit, il y a un siècle à la Ménagerie et aujourd'hui, on peut le réintroduire dans les steppes de Mongolie.
La Ménagerie protège aussi les pandas roux, les panthères des neiges, les panthères de Chine, les panthères nébuleuses et les orangs-outans qui meurent dans leurs forêts détruites. Ici, les tortues des Seychelles sont plus que centenaires alors que leur habitat d'origine risque d'être détruit par la montée des eaux.
Concrètement, donc, la Ménagerie sauvegarde des espèces menacées dans des conditions optimales et tente de réintroduire les espèces en voie de disparition dans leur habitat naturel !

DICO

sauvegarder : salvare
préserver : salvaguardare
la Ménagerie : il serraglio
le danger : il pericolo
la montée des eaux : l'innalzamento del livello del mare

2 Compréhension écrite **Relis le texte à la page 52 et coche vrai (V) ou faux (F).**

	V	F
1 La scène se passe dans un journal.	☐	☒
2 Un journaliste discute avec des élèves en classe.	☐	☐
3 L'article parle des animaux d'Afrique.	☐	☐
4 La Ménagerie du Jardin des Plantes se trouve à Paris.	☐	☐
5 À la Ménagerie, il y a 800 animaux.	☐	☐
6 Tous les animaux de la Ménagerie sont menacés.	☐	☐

3 Compréhension écrite **Relis l'article à la page 52, regarde ces photos et écris une légende pour chacune.**

1

Espèce : *chevaux de Przewalski*

2

Espèce : ______________________

3

Espèce : ______________________

4

Espèce : ______________________

Phonétique

Les sons [k] et [g]

4 1.31 **Écoute, observe les mots et répète.**

1 **k**ilo
2 s**c**olaire
3 **c**lasse
4 **qu**atre
5 **g**omme
6 te**ch**nique
7 cin**q**
8 **g**ras
9 **g**âteau
10 lan**gue**

In francese il suono [k] corrisponde a diverse grafie:

-k	*ski*
-c + *a, o, u*	*camarade, balcon, cuisine*
-c + consonante	*crayon*
-cc + *a, o, u*	*occasion, occuper*
-qu + *a, e, i, o*	*quatre, que*
-ch + consonante	*technique*

Il suono [g] corrisponde a diverse grafie:

-g + *a, o, u,*	*gomme*
-g + consonante	*gras, verglas*
-gu + *e, i*	*langue*

La faune

1 1.32 **Écris sous chaque photo le nom de l'animal sauvage correspondant. Écoute et vérifie.**

~~le loup~~ • le phoque • la panthère • le tigre
le singe • le panda • l'ours • la tortue
la baleine • le lion • le requin • l'éléphant

1 le loup

2 ____________

3 ____________

4 ____________

5 ____________

6 ____________

7 ____________

8 ____________

9 ____________

10 ____________

11 ____________

12 ____________

2 **Qui est-ce ? Aide-toi du lexique de l'exercice 1.**

1 C'est un primate : le singe

2 C'est un mammifère marin de grande taille : ____________

3 C'est un mammifère de grande taille à la fourrure épaisse et brune : ____________

4 C'est un mammifère de la famille des félins. Il est rayé : ____________

5 C'est un grand mammifère qui a des défenses et une trompe : ____________

6 C'est un mammifère de la famille des félins. Il a une crinière et on dit qu'il est le roi de la savane : ____________

7 C'est un mammifère originaire de Chine qui mange essentiellement du bambou : ____________

8 C'est un grand mammifère présent sur tous les continents. Il est grand et fort, son pelage est dense et il a des griffes : ____________

9 C'est un grand poisson, présent dans tous les océans, considéré comme dangereux : ____________

10 C'est un reptile avec une carapace. Elle peut être terrestre, aquatique ou marine : ____________

La flore

3 1.33 **Retrouve le nom des arbres et des fleurs. Écoute et vérifie.**

- a le citronnier
- b le cerisier
- c l'oranger
- d le pommier
- e la rose
- f la violette
- g la tulipe
- h le sapin
- i le chêne
- j le platane

1 [J]

2 [ ]

3 [ ]

4 [ ]

5 [ ]

6 [ ]

7 [ ]

8 [ ]

9 [ ]

10 [ ]

Pause culture

Parc Zoologique et Château de Thoiry

4 Regarde la vidéo et coche les bonnes réponses.

1 Thoiry se situe près de
   a [ ] Strasbourg. b [ ] Paris. c [ ] Lille.
2 Combien d'animaux le parc protège-t-il ?
   a [ ] 100. b [ ] 1 000. c [ ] 10 000.
3 Coche les espèces que tu vois sur la vidéo.
   a [ ] L'éléphant. b [ ] L'antilope. c [ ] Le dauphin. d [ ] La girafe. e [ ] Le tigre. f [ ] Le phoque.
4 Ici, les animaux vivent en liberté.
   a [ ] Vrai. b [ ] Faux.
5 On peut aussi visiter une ferme.
   a [ ] Vrai. b [ ] Faux.

5 Que penses-tu des zoos ? ______________________________

Phonétique

Les sons [k] et [g]

6 1.34 **Écoute et complète avec les lettres qui manquent.**

1 Combien d'heures de __ours avez-vous mer__redi ?
2 __uand as-tu __itté la ville ?
3 Un __oq __ourt dans la __our devant la __isine.
4 Ave__ un __ide __rec nous avons visité l'é__lise de Leipzi__.
5 Ma maman m'a fait un __âteau et m'a offert une ba__e.

S'informer sur quelque chose

1 1.35 **Écoute et répète.**

- *Qu'est-ce que c'est ... ?*
- *C'est quoi ... ?*
- *Où est-ce qu'il se trouve / il habite ?*
- *Est-ce qu'il y a... ?*
- *Quand est-ce que vous êtes allés voir ... ?*
- *Où avez-vous vu ... ?*
- *Comment est ... ?*
- *Où poussent les.... ?*
- *Combien y a-t-il d'espèces ... ?*
- *Pourquoi il n'y a pas de... ?*

2 Remets le dialogue en ordre et joue-le avec un copain.

- ☐ C'est un des plus beaux zoos du monde !
- ☐ Oh, je ne sais pas, beaucoup, car tous les animaux sont présents ici.
- ☐ Combien d'animaux on peut voir ?
- ☐ Comment est-il possible d'avoir autant d'animaux ?
- ☐ Les naissances dans le zoo permettent aux espèces menacées de survivre.
- ☐ Parce qu'il y a 350 naissances chaque année !
- ☐ Pourquoi il y a toutes ces naissances ?
- 1 Qu'est-ce que c'est le Zooparc ?

C **3 Complète le dialogue et joue-le avec un copain.**

- *Je suis allé chez mes cousins.*
  - Quand est-ce que tu es allé voir tes cousins ?
- *Je suis allé voir mes cousins dimanche dernier.*
  - ______________________
- *Ils habitent à la campagne.*
  - ______________________
- *La nature est très belle chez mes cousins.*
  - ______________________
- *Il y a beaucoup d'espèces de fleurs : il y a des roses, des tulipes et des violettes.*
  - ______________________
- *Oui, il y a des pommiers.*
  - ______________________
- *Non, il n'y a pas de sapins.*

4 Interaction **Avec un copain, regardez les images et posez-vous des questions.**

1 Où as-tu vu un ours?
Je l'ai vu dans un zoo.

2 ______________________

Exprimer la surprise et l'ignorance

5 1.36 **Écoute et répète.**

- *Ah ! Quelle bonne surprise de te voir !*
- *C'est pas vrai ! C'est incroyable cette histoire !*
- *Oh, non !*
- *Pardon ? Tu peux répéter ?*
- *Comment ?*
- *Ce n'est pas possible !*
- *Ça alors ! Je suis étonné.*

- *Je ne connais pas...*
- *Je ne sais pas, je n'ai jamais entendu parler de ça.*
- *Quoi ? Je ne savais pas...*

C imparare ad imparare e competenze sociali e civiche

6 **Devant ta classe. Regarde les photos et lis les didascalies. Pour chacune d'elles, exprime ce que tu ressens, de la surprise ou de l'ignorance.**

1 Ce singe s'accroche au dernier arbre de sa forêt détruite.

C'est pas vrai ! C'est incroyable cette histoire !

2 Des déchets humains en Arctique.

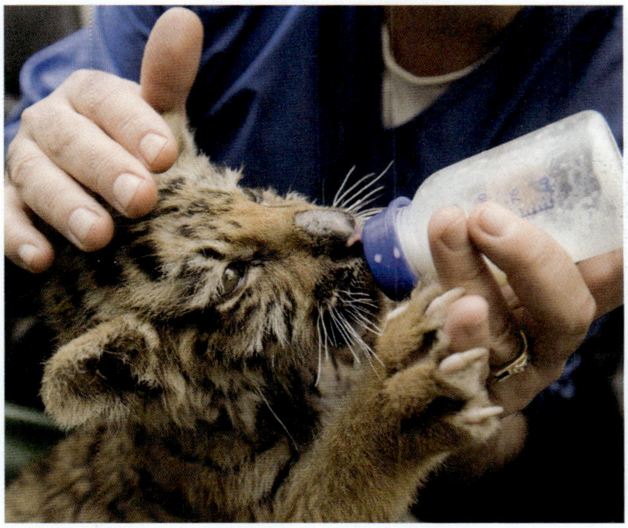

3 Les bébés tigres qui naissent dans les zoos sont nourris au biberon.

4 Une forêt pour la culture du sapin de Noël.

7 Et toi ? **Exprime ta surprise face aux évènements suivants.**

1 Ton meilleur ami a fait un Marathon, il a couru 42 km.

2 Tu réussis les examens avec la meilleure note du collège.

3 Tes copains ont organisé une super fête surprise pour ton anniversaire.

4 Un tigre s'est échappé d'un zoo à Toulouse.

C competenze sociali e civiche

C'est, Ce sont – Il / Elle est, Ils / Elles sont

Il verbo ***être*** alla terza persona viene usato come presentativo. È sempre preceduto da un soggetto: ***ce*** o ***il***.

• Si usa ***ce*** davanti a:
– un nome proprio o un pronome
C'est Nathalie.
Ce sont elles.
– un nome preceduto da un articolo o da un altro determinante
C'est un collégien.
Ce sont mes copains de classe.
– un aggettivo o un avverbio
C'est impossible!
C'est très bien!

• Si usa ***il / elle, ils / elles*** davanti a:
– un nome senza alcun determinante
Il est professeur, elles sont chanteuses.
Ils sont canadiens, elles sont suisses.
– un aggettivo o un avverbio con riferimento a un nome che precede o segue
Voici la nouvelle. Elle est sympa !
Tes amis ? Ils sont ici !

1 Complète avec *c'est, ce sont* ou *il / elle est, ils / elles sont*.

1 *C'est* Marina Carot.
2 ______ belge.
3 ______ un acteur.
4 ______ ses copains.
5 ______ beau ce pullover.
6 ______ tard pour partir.
7 ______ collégien.
8 ______ moi qui suis venue hier.
9 ______ un chanteur célèbre.
10 ______ des amis de mon père.
11 ______ belle cette jupe !
12 ______ demain qu'on doit appeler Yves ?
13 Marion est en retard ? ______ normal ?
14 J'ai lu son roman. ______ intéressant.

La place des adjectifs

• **Nome + aggettivo**
Seguono il nome:
– gli aggettivi di nazionalità o religione
*Une fille **américaine** est arrivée dans mon collège.*
– gli aggettivi di forma e di colore
*J'ai acheté une trousse **verte**.*
– gli aggettivi che derivano da participi passati
*J'ai pris ton pullover **déchiré** pour le jeter.*
Seguono il nome anche gli aggettivi ***dernier*** e ***prochain*** nelle espressioni di tempo.
*Le printemps **dernier**, je suis allé à la montagne.*

• **Aggettivo + nome**
Gli aggettivi che precedono il nome sono ***joli***, ***beau***, ***jeune***, ***vieux***, ***grand***, ***petit***, ***gros***, ***mauvais***, ***double***, ***demi***, ***bon***, ***long***, ***nouveau***.
*Hier soir, j'ai lu une **belle** histoire.*
*Ma mère aide une **vieille** dame à faire ses courses.*

FOCUS
Alcuni aggettivi hanno un significato diverso a seconda della loro posizione nella frase rispetto al nome.

un *grand* homme

un homme *grand*

un *curieux* personnage

une fille *curieuse*

2 Mets l'adjectif à la bonne place.

1 J'ai rencontré le *nouveau* professeur ________ de français. (*nouveau*)

2 Le PROCHAIN mois ________ nous irons à la mer. (*prochain*)

3 Mon frère est un JEUNE avocat ________. (*jeune*)

4 Je voudrais un ________ pantalon GRIS pour mon anniversaire. (*gris*)

5 La DERNIERE fille ________ qui arrive est ma sœur. (*dernière*)

3 Lis cette phrase, que remarques-tu ?

Veux-tu mon dictionnaire ?
Non, merci j'ai le mien !

Les pronoms possessifs	
Masculin singulier	***Masculin pluriel***
le mien le tien le sien le nôtre le vôtre le leur	les miens les tiens les siens les nôtres les vôtres les leurs
Féminin singulier	***Féminin pluriel***
la mienne la tienne la sienne la nôtre la vôtre la leur	les miennes les tiennes les siennes les nôtres les vôtres les leurs

I pronomi possessivi si usano per esprimere il possesso senza ripetere il nome.
C'est ***mon ami****.* → *C'est* ***le mien****.*

FOCUS

Contrariamente all'italiano, l'aggettivo e il pronome possessivo non si traducono nello stesso modo:
Voilà ***ton*** *cahier, c'est* ***le tien****.*
Ecco il tuo quaderno, è il tuo.

4 Transforme les phrases avec un pronom possessif.

1 Dalhia a trouvé sa trousse.
Dalhia a trouvé la sienne.

2 Nous attendons notre professeur.
DALHIA A TROUVÉ LA SIENNE

3 Marina a perdu ses crayons.
NOUS ATTENDONS LE NÔTRE

4 Victor a oublié ses règles.
VICTOR A OUBLIÉ LES SIENNES

5 Xavier et Nadège ont pris leurs chaises.
LES SIENS

6 C'est le portable de mon père.
____

7 C'est votre voiture.
C'EST LA VÔTRE

8 Voici mon sac à dos.
VOICI LE MIEN

5 Médiation Traduis ces phrases.

1 Tu ascolti il tuo CD e lui ascolta il suo.
Tu écoutes ton CD et lui, il écoute le sien.

2 Louis arriva con la sua bicicletta e io arrivo con la mia.
LOUIS EST ARRIVE AVEC LA SIENNE ET MOI, JE SUI ARRIVE AVEC LA MIEN

3 No, questo quaderno non è il mio.
NON, CE CHAIER N'EST PAS LE MIEN

4 Sono i vostri libri? No, sono i loro.
CE SONT VOS LIVRES? NON CE SONT LES ~~HAURA~~ LEURS

5 I miei compagni hanno fatto i loro compiti e noi abbiamo fatto i nostri.
MES CAMARADES ONT FAIT LEURS DEVOIRS ET NOUS AVONS FAIT LES NOTRES

6 Sì, questa macchina è la sua.
OUI, CETTE VOITURE EST LA SIENNE

7 Mio padre ha 45 anni. E il tuo?
MON PÈRE A 45 ANS. ET LE TIEN?

8 I miei amici sono partiti per le vacanze. Ma dove sono i tuoi?
MES AMIS SONT PARTIS EN VACANCES. MAIS OÙ SONT LES TIENS

Les adverbes de manière

In francese gli avverbi di maniera (o modo) terminano in *-ment* e sono invariabili.
Precisano come si svolge un'azione.
Si formano aggiungendo il suffisso *-ment* al femminile dell'aggettivo.

total → *totale* → ***totalement***
Je suis ***totalement*** *d'accord avec toi.*
doux → *douce* → ***doucement***
Il parle ***doucement****.*

Se l'aggettivo maschile termina con *-i*, *-é*, *-u*, si aggiunge il suffisso *-ment* direttamente alla forma maschile.

vrai → ***vraiment***
modéré → ***modérément***
absolu → ***absolument***

FOCUS

Ci sono delle eccezioni:

gentil → ***gentiment***
profond → ***profondément***
énorme → ***énormément***
bref → ***brièvement***
lent → ***lentement***

6 **Regarde les dessins et fais le portrait du bon élève en utilisant des adverbes de manière. Aide-toi des adjectifs donnés.**

1 Le bon élève parle poliment. (*poli*)

2 Il lit ______________________. (*régulier*)

3 Il participe au cours ______________. (*actif*)

4 Il travaille ______________. (*sérieux*)

5 Il connaît sa leçon ______________. (*parfait*)

Le verbe *croire*

Présent de l'indicatif

Croire	
Je crois	Nous croyons
Tu crois	Vous croyez
Il / Elle / On croit	Ils / Elles croient

Per gli altri tempi vedi il ***Tableau des conjugaisons***.

7 **Complète ces phrases avec le verbe *croire* au présent de l'indicatif.**

1 Il ne vous croit pas.
2 Je ____________ qu'il viendra nous voir à la mer.
3 ____________-tu que nous réussirons dans notre projet ?
4 On ____________ que tout est vrai.
5 Nous ____________ tout ce qu'il dit.
6 Vous ____________ qu'il fera beau demain ?

Grammaire en ligne
elilaspigaedizioni.it

1 **Complète les légendes en utilisant des adverbes (aide-toi des adjectifs donnés).**

parfait • sale • ~~dangereux~~ • rapide • sérieux • timide

1 Il conduit *dangereusement*.

2 Il mange ______________.

3 Elle étudie ______________.

4 Il court ______________.

5 Elle parle ______________.

6 Elle connaît sa poésie ______________.

C **2** **EXAMEN** **Tu as accepté la proposition de ton professeur de SVT de parrainer un animal en voie de disparition. Tu écris un mail à ton correspondant et tu lui parles de l'animal que tu as choisi et des actions que tu veux faire pour le sauvegarder.**

C competenze sociali e civiche

Écouter

1 1.37 **Écoute l'enregistrement et réponds aux questions.**

1 Il s'agit d'une publicité sur le parrainage d'un animal
- a ☐ vivant en France.
- b ☐ vivant à l'autre bout du monde.
- c ☐ vivant en Europe.

2 Pour parrainer un animal, il faut
- a ☐ donner de l'argent.
- b ☐ visiter un zoo.
- c ☐ faire partie d'une association.

3 L'association s'appelle
- a ☐ Beauval Nature.
- b ☐ Belle Nature.
- c ☐ Action Nature.

4 L'association sauvegarde aussi l'habitat de l'animal dans son pays d'origine.
- a ☐ Vrai. b ☐ Faux.

5 Combien de formules propose l'association ?
- a ☐ 33.
- b ☐ 13.
- c ☐ 3.

6 Combien faut-il envoyer pour la formule « Argent de poche » ?
- a ☐ 15 €.
- b ☐ 50 €.
- c ☐ 300 €.

Lire

C **2** **Lis la brochure et réponds aux questions.**

Faire un don:
particuliers, entreprises et associations à l'action!

Particuliers
Vous pouvez faire un don directement à Beauval Nature.
Vous trouverez un formulaire de don ci-joint.

Mécénat environnemental
Votre entreprise ou votre association est soucieuse de la protection de la nature et vous souhaitez vous engager en faveur des espèces menacées ? Beauval Nature vous permet de valoriser votre engagement. Nous vous proposons un partenariat stratégique. Ensemble, nous construisons un projet adapté à vos besoins et vos objectifs.

Contact mécénat
Eric BAIRRÃO RUIVO
Directeur Sciences et Conservation

Contact parrainages
Véronique BAUDOIN
Responsable pédagogique

1 La brochure s'adresse
- a ☐ aux particuliers, aux entreprises et aux associations.
- b ☐ aux particuliers et aux entreprises.
- c ☐ aux particuliers seulement.

2 Les particuliers devront compléter
- a ☐ un livret.
- b ☐ un formulaire.
- c ☐ un chèque.

3 Les entreprises pourront s'engager
- a ☐ en faveur des espèces menacées.
- b ☐ contre la pollution.
- c ☐ pour la planète.

4 Qui doit-on contacter pour faire du mécénat ?

____

5 Qui doit-on contacter si on veut devenir parrain ?

____

C competenze sociali e civiche

Écrire

3 **Tu as décidé de parrainer un animal et pour cela tu dois compléter un formulaire.**

Comment parrainer ?

1. Je choisis mon animal préféré
2. Je choisis ma formule de parrainage

La formule spéciale « Argent de poche » à 15 €

Les formules « Parrain » de 50 € à 130 €

Les formules « Protecteur » à partir de 300 €

3. Je remplis le formulaire de parrainage

Formulaire de parrainage

ANIMAL PARRAINÉ : ....

FORMULE PARRAINAGE CHOISIE : ....

ADRESSE DU PARRAIN OU DE LA MARRAINE : ....
Civilité : ☐ Monsieur ☐ Madame ☐ Mademoiselle

Nom : .... Prénom : ....

Adresse..........

Code postal : .... Ville : ....

Adresse e-mail : ....

Téléphone : ....

TAILLE POUR LE TEE-SHIRT (Formules à partir de 130 €) :
☐ S ☐ M ☐ L ☐ XL

• Avez-vous la carte ZooPass ? .... ☐ Oui ☐ Non

Parler

4 **Pose des questions à partir de ces mots.**

animal ?

parrain ?

association ?

mer ?

zoo ?

pays ?

Outils

La seconda parte della prova orale consiste nel fare delle domande al professore che ti esamina.
Fai attenzione perché la risposta alla tua prima domanda ti potrà aiutare nel porre la seconda.
In questo caso puoi aiutarti con i documenti delle attività 1, 2 e 3.

Hai finito la sedicesima unità! Ora puoi metterti alla prova con il percorso a tappe nel tuo libro digitale. *Bonne chance!* C

C competenza digitale

1 Écris le mot qui correspond à chaque photo.

1 ________

2 ________

3 ________

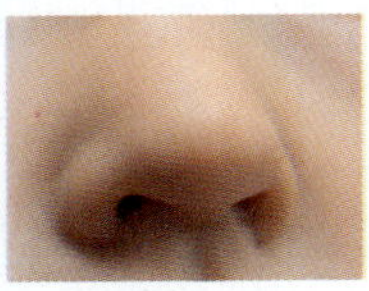
4 ________

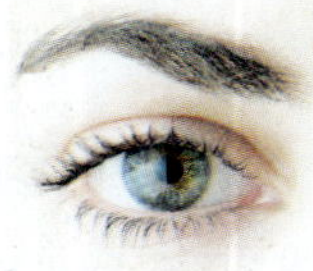
5 ________

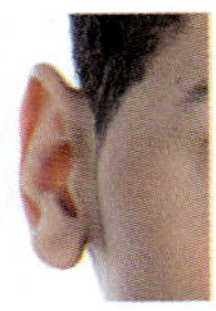
6 ________

___ 6 points

2 Remplace les mots soulignés par un pronom possessif.

1 C'est mon pantalon ou ton pantalon ?

____

2 Tu veux mes chaussures ou ses chaussures ?

____

3 Est-ce que ces vélos sont vos vélos ?

____

4 Voilà ma maison qui est à côté de sa maison.

____

5 Ce sont nos amies, pas leurs amies.

____

___ 5 points

3 Complète ces phrases et utilise les pronoms COI.

1 Je ________ donne les CD. (*à Zoé*)
2 Quentin ________ parle. (*à Xavier*)
3 Mon amie ________ a téléphoné. (*à moi*)
4 Nicolas ________ écrit une lettre. (*à vous*)
5 Annie ________ envoie un message. (*à elles*)

___ 5 points

4 Complète les phrases avec les pronoms *y* et *en*

1 Nous allons à la mer. → Nous ________ allons.
2 Ils ont des pommes à offrir. → Ils ________ ont.
3 Je mange des céréales. → J'________ mange.
4 Elle pense aux vacances. → Elle ________ pense.
5 Enzo a des CD à vendre. → Il ________ a à vendre.

___ 5 points

5 Trouve les adverbes de manière qui correspondent aux adjectifs suivants.

1 courageux → ________
2 heureux → ________
3 sportif → ________
4 franc → ________
5 gentil → ________
6 doux → ________

___ 6 points

6 Complète avec le verbe *connaître, croire, souffrir* au présent de l'indicatif.

1 Je ________ pouvoir rencontrer Pierre demain.
2 ________ -tu mon nouveau copain canadien ?
3 Je ________ d'une angine.
4 Qu'est-ce que tu ________ avoir vu ?
5 Vous ________ à cette histoire ?
6 Nous ________ avoir pris le bon train.
7 Ils ________ avoir vu le nouveau professeur.
8 Julie ________ avoir bien travaillé.
9 Est-ce que vous ________ la ville de Paris ?
10 Nous ________ à cause de la chaleur.

___ 10 points

Dopo aver fatto gli esercizi e verificato i risultati sul sito www.elilaspigaedizioni.it, segna cosa sai fare. Attenzione! Per poter mettere la crocetta, devi aver ottenuto almeno la metà dei risultati esatti per ogni esercizio.

Je sais utiliser

- ☐ du lexique français ;
- ☐ les pronoms possessifs et les COI ;
- ☐ les pronoms *y* et *en* ;
- ☐ les adverbes de manière ;
- ☐ les verbes ***connaître***, ***croire***, ***souffrir*** .

Scegli la risposta giusta segnandola con una crocetta.

1 Qui as-tu rencontré hier ?

a ☐ J'ai rencontré mes amis et le tiennes.
b ☐ J'ai rencontré mes amis et les tiens.
c ☐ J'ai rencontré mes amis et le tiens.
d ☐ J'ai rencontré mes amis et les tien.

2 Ce sont nos livres

a ☐ ou ce sont le vos ?
b ☐ ou ce sont les votre ?
c ☐ ou ce sont le votres ?
d ☐ ou ce sont les vôtres ?

3 Laurence mesure 1,90 m.

a ☐ C'est une grande fille.
b ☐ C'est une grand fille.
c ☐ C'est une fille grande.
d ☐ C'est une fille haute.

4 Brian habite à Londres.

a ☐ C'est un garçon anglais.
b ☐ C'est un anglais garçon.
c ☐ C'est un garçon anglaise.
d ☐ C'est un anglaise garçon.

5 Pour Noël, je

a ☐ offre lui des fleurs.
b ☐ l'offre des fleurs.
c ☐ lui offre des fleurs.
d ☐ offre le des fleurs.

6 Voici une lettre de Léa.

a ☐ Elle écrit à moi tous les jours.
b ☐ Elle m'écrit tous les jours.
c ☐ Elle me écrit tous les jours.
d ☐ Elle écrit tous les jours à moi.

7 Francine pense à son Brevet. Elle

a ☐ pense y tous les jours.
b ☐ pense tous y les jours.
c ☐ y pense tous les jours.
d ☐ pense tous les jours y.

8 Nicolas sort du collège.

a ☐ Il y sort content.
b ☐ En sort content.
c ☐ Il en sort content.
d ☐ Y sort content.

9 Marina parle de ses prochaines vacances.

a ☐ Elle est en enthousiaste.
b ☐ Elle en est enthousiaste.
c ☐ En elle est enthousiaste.
d ☐ Elle est en enthousiaste.

10 Elle parle

a ☐ doucement.
b ☐ doux.
c ☐ douxement.
d ☐ docement.

Atelier vidéo

1 Regarde la vidéo et coche V (Vrai) ou F (Faux).

	V	F
1 Hier, Souleymane a eu un cours de SVT.	☐	☐
2 Pauline n'a pas trouvé le cours intéressant.	☐	☐
3 Ils ont regardé un documentaire sur la protection de l'environnement.	☐	☐
4 Julien n'a pas eu le même cours que Souleymane.	☐	☐
5 ONG signifie Organisation Non Garantie.	☐	☐
6 Le WWF est la première organisation mondiale de protection de la nature.	☐	☐

2 Quels sont les animaux en voie de disparition ? Coche.

a ☐

b ☐

c ☐

d ☐

e ☐

f ☐

3 Complète le dialogue.

- on ramasse tous les déchets dans les rues, dans les parcs, les jardins
- Si ça te dit, tu pourras venir nous aider la prochaine fois !
- on rappelle à tout le monde les gestes qui permettent de réduire notre impact sur l'environnement.
- on organise un nettoyage de printemps et un nettoyage d'automne.
- Trier ses déchets, éviter les emballages inutiles, économiser l'eau, utiliser le vélo pour ses petits déplacements.

Souleymane Moi, avec une association de mon quartier, ____________________

Julien C'est-à-dire ?

Souleymane On nettoie tout le quartier pendant toute la journée : ____________________, etc.

Pauline C'est une bonne initiative, ça !

Souleymane Oui, et à la fin de la journée, ____________________.

Julien Quels sont ces gestes ?

Souleymane ____________________

Pauline Ce doit être une journée très utile !

Souleymane Oui, et agréable ! Et puis, ça nous permet de rencontrer plein de gens. ____________________

Pauline Entendu ! Tiens-moi au courant !

COMPITI DI REALTÀ

Créer un tract pour la sauvegarde des animaux sauvages

- **Dopo aver letto alcuni testi sulla salvaguardia degli animali selvaggi in via di estinzione, pensate di creare una serie di volantini che possano sensibilizzare i vostri compagni, i genitori e gli abitanti del vostro quartiere o della vostra città.**
- **Cercate su Internet delle foto di animali in via di estinzione.**
- **Pensate ad una frase o a un breve testo che sia convincente e che attiri l'attenzione del lettore.**
- **Chiedete al vostro professore di tecnologia come fare l'impaginazione.**
- **Chiedete il permesso al vostro dirigente scolastico, se pensate di distribuire i volantini anche al di fuori della scuola.**

Con quali competenze ?

Per questo compito dovrai
- comunicare in lingua italiana e in francese
- usare competenze digitali
- usare competenze sociali e civiche
- esprimere consapevolezza ed espressione culturale
- utilizzare le competenze acquisite a scuola e al di fuori della scuola per portare a termine il tuo compito
- dimostrare spirito di iniziativa
- essere creativo nella gestione di un progetto

Il volantino (in francese *le tract*), che attiri l'attenzione sul rischio di estinzione di alcuni animali, dovrà avere un titolo che occupi una sola riga e che sia efficace.
Dovrà contenere una frase, un commento o un messaggio che esprima il vostro pensiero.
La foto dell'animale dovrà interessare il lettore e dovrà farlo riflettere sugli aspetti positivi della specie in via di estinzione.

LA FLORE ET LA FAUNE

- Le citronnier
- L'oranger
- La rose
- La tulipe
- Le chêne
- Le cerisier
- Le pommier
- La violette
- Le sapin
- Le platane

Animaux sauvages

- Le panda
- L'ours
- Le loup
- La panthère
- Le tigre
- Le lion
- L'éléphant
- Le singe
- Le phoque
- La tortue
- La baleine
- Le requin

Animaux domestiques

- La souris
- Le chien
- Le chat
- Le hamster
- Le furet
- Le poisson
- La tortue
- Le lapin
- La perruche
- Le canari

Animaux de la ferme

- Le mouton
- Le cheval
- L'âne
- La vache
- La poule
- Le coq
- La chèvre
- L'oie
- Le canard
- Le cochon

MA VILLE

- La place
- Le square
- Le feu
- L'impasse
- Le jardin public
- Le passage piéton
- La rue
- Le trottoir
- L'avenue
- Le boulevard
- Le rond-point

Transports

- La rue
- Le parking
- La voiture
- La moto
- Le taxi
- La station de métro
- La gare
- La salle d'attente
- Le train
- Le quai
- Le panneau d'affichage
- Le composteur
- La gare routière
- L'arrête de bus
- Le car
- Le bus
- L'aéroport
- La piste d'atterrissage
- L'avion
- Le port
- Le bateau

- La mairie
- L'église
- La bibliothèque
- La ludothèque
- La poste
- La banque
- La piscine municipale
- Le stade
- Le cinéma
- Le théâtre
- L'hôtel
- Le bar

LIVRE ACTIF

La France : quelques monuments

Anna Maria Crimi Domitille Hatuel

ESPRIT PLUS

Méthode de **français**

CIVILISATION ET VIDÉOS

B

Paris, ville lumière

Paris, ville classique et insolite

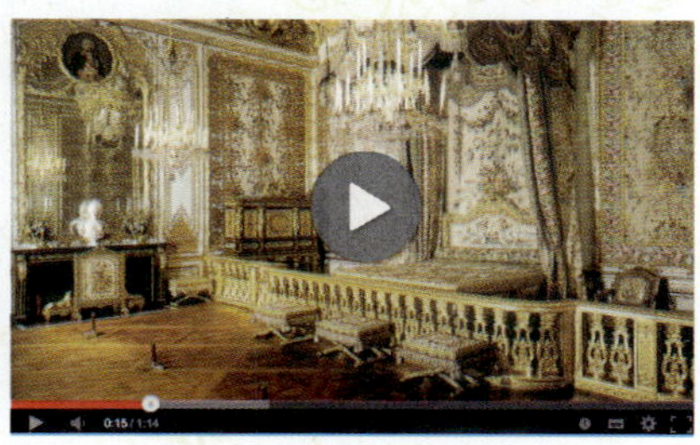

La Bretagne

L'Outre-Mer

La Révolution française

Le Romantisme

La Seconde Guerre mondiale

Le débarquement en Normandie

Paris, Ville Lumière

Compréhension écrite

1 Lis le texte et réponds aux questions.

L'histoire de Paris remonte au IIIe siècle avant Jésus-Christ : c'est l'époque où la tribu des **Parisii** s'installe dans la région. Ensuite, les romains arrivent : la première mention de **Lutèce**, nom romain de Paris, remonte à 53 avant Jésus-Christ.
Selon Napoléon III, la Seine et donc Lutèce servait de séparation entre la **Gaule Belgique** et la **Gaule Celtique**.
L'histoire de Paris est liée à la géographie du site et à la politique. C'est le roi **Clovis** qui décide au VIe siècle d'installer les organes fixes du pouvoir politique du royaume dans la petite cité de Paris.
Grâce à sa situation à un carrefour des itinéraires commerciaux et fluviaux dans une riche région agricole, Paris est devenue une des principales villes de France au cours du Xe siècle, avec des palais royaux, de riches abbayes et une cathédrale. Ensuite, au XIIe siècle, Paris est un des premiers centres en Europe pour l'enseignement et les arts.

1 À quand remonte l'histoire de Paris ?
2 Comment s'appelle la première tribu installée dans la région ?
3 Comment s'appelle Paris à l'époque romaine ?
4 À quoi servait la Seine selon Napoléon III ?
5 Qui décide d'installer les organes du pouvoir dans la cité de Paris ? À quelle époque ?
6 Pourquoi Paris est-elle devenue une des principales villes de France au cours du Xe siècle ?

Compréhension orale

2 1.38 **Écoute l'enregistrement puis coche les bonnes réponses.**

1 On est à bord
- a ☐ d'une péniche.
- b ☐ du Batobus.
- c ☐ du Bateau-Mouche.

2 Il y a
- a ☐ 26 ponts à Paris.
- b ☐ 36 ponts à Paris.
- c ☐ 46 ponts à Paris.

3 Le métro passe sur le pont
- a ☐ Bir-Hakeim.
- b ☐ de l'Alma.
- c ☐ Alexandre III.

4 Le pont Alexandre III a
- a ☐ des guirlandes argentées.
- b ☐ des guirlandes de couleur.
- c ☐ des guirlandes dorées.

5 La passerelle des Arts
- a ☐ ne se traverse qu'à pied.
- b ☐ ne se traverse qu'en bus.
- c ☐ ne se traverse pas.

6 Les amoureux accrochent des cadenas
- a ☐ sur le pont Alexandre III.
- b ☐ sur le pont de l'Alma.
- c ☐ sur la passerelle des Arts.

Production écrite

3 Et toi ? Fais une petite recherche sur ta ville et présente son histoire, sa localisation géographique, quelques monuments et une façon de la visiter.

Pause culture

Paris, ville lumière

4 ▶ Regarde la vidéo et coche vrai (V) ou faux (F). Corrige les affirmations fausses.

		V	F
1	La tour Eiffel a été construite pour l'exposition universelle de 1889.	☐	☐
2	La nuit, la tour Eiffel n'est pas illuminée.	☐	☐
3	Sur la Seine, il y a des bateaux pour les touristes et des péniches.	☐	☐
4	La pyramide du Louvre est en métal.	☐	☐
5	L'île de la Cité était habitée par des romains.	☐	☐
6	La cathédrale Notre-Dame se trouve sur l'île de la Cité.	☐	☐
7	Le centre Georges Pompidou est aussi appelé Centre Beaubourg.	☐	☐
8	La fontaine Stravinsky a été réalisée en 1993.	☐	☐
9	Dans le jardin du palais du Luxembourg, il y a une grande fontaine.	☐	☐
10	La grande Arche se trouve dans le quartier de la Défense.	☐	☐

Paris, ville classique et insolite

Paris est la capitale et la plus grande ville de France. Elle est divisée en **vingt arrondissements** qui se déroulent sous une forme d'escargot. La Seine coupe la ville en deux parties : la **rive droite** et la **rive gauche**. Plusieurs lignes de métro permettent de visiter aisément toute la ville.

Compréhension écrite

1 Lis les textes et associe chaque monument ou lieu à sa description.

A Les **Champs-Élysées** est une des plus grandes avenues du monde avec des boutiques, des cinémas et des restaurants. Tout en haut, il y a l'Arc de Triomphe.

B Le **Musée d'Orsay** est à l'origine une gare construite en 1898 : elle a été restructurée en musée en 1979. À l'intérieur, on peut admirer des peintures, des sculptures et des objets d'art de la période allant de 1848 à 1914
et en particulier les toiles des impressionnistes.

C Le **château de Versailles** est l'ancien pavillon de chasse de Louis XIII transformé et agrandi par son fils Louis XIV. Le roi et la reine recevaient les courtisans dans leurs appartements et ils organisaient des fêtes grandioses dans les jardins enrichis de 386 œuvres d'art et de plusieurs bassins.

D La **Cité des sciences et de l'industrie** est un musée orienté vers la culture scientifique et technique. La **Géode** est le symbole de la Cité : c'est une salle de cinéma avec un écran hémisphérique.

E Le **cimetière du Père-Lachaise**, le plus grand cimetière de Paris, se situe dans le 20e arrondissement. L'élite des lettres, des arts et de la politique y repose. Cette nécropole est devenue un véritable musée en plein air.

F La première ligne du **métro parisien** ouvre en juillet 1900. Aujourd'hui, il y a 16 lignes qui mesurent 214 km pour Paris et sa banlieue. Quelques stations sont particulières : la **station Arts-et-Métiers** est tout en cuivre et ressemble au Nautilus, la **station Concorde** est recouverte de carreaux blancs vitrifiés portant en lettres bleues la Déclaration des droits de l'homme de 1789.

Compréhension orale

2 1.39 **Écoute l'enregistrement et coche les bonnes réponses.**

1 Où se trouvent les jeunes et le guide?
- a ☐ En haut de la Tour de Montparnasse.
- b ☒ Au-dessous de Tour Eiffel.
- c ☐ En haut de la Tour Eiffel.

2 Quel monument se trouve sur l'Île de la Cité ?
- a ☐ Le Centre Georges Pompidou ou Beaubourg.
- b ☒ La cathédrale Notre-Dame.
- c ☐ Le musée du Louvre.

3 Le Centre Georges Pompidou ou Beaubourg est un musée
- a ☒ d'art contemporain.
- b ☐ d'art antique.
- c ☐ d'art gothique.

4 Quel monument se trouve en haut des Champs-Élysées ?
- a ☐ Le Sacré-Cœur.
- b ☐ L'Arc de Triomphe.
- c ☒ La Tour Montparnasse.

5 La basilique du Sacré-Cœur se trouve
- a ☐ sur l'Île de la Cité.
- b ☐ sur la butte Montmartre.
- c ☒ en bas de la Tour Eiffel.

6 Le Champs-de-Mars se situe
- a ☒ à côté des Tuileries.
- b ☐ en bas de la Tour Eiffel.
- c ☐ en bas de la Tour Montparnasse.

Production écrite

3 Et toi ? **À la manière des textes que tu viens de lire, présente les monuments ou les lieux célèbres d'une ville d'Italie de ton choix. Illustre les textes de photos.**

Pause culture

Le château de Versailles

4 **Regarde la vidéo et coche les bonnes réponses.**

1 À l'origine, Versailles était
- a ☐ une résidence royale.
- b ☐ un pavillon de chasse.
- c ☐ un château.

2 Versailles devient la résidence de la cour sous
- a ☐ Louis XIII.
- b ☐ Louis XIV.
- c ☐ Louis XV.

3 La Galerie des Glaces mesure
- a ☐ 53 mètres.
- b ☐ 63 mètres.
- c ☐ 73 mètres.

4 La chapelle royale est dédiée
- a ☐ aux enfants de France.
- b ☐ à Saint-Louis.
- c ☐ au roi.

5 La reine recevait les courtisans dans
- a ☐ sa chambre.
- b ☐ les salons.
- c ☐ la galerie des glaces.

6 Les jardins de Versailles ont été créés par
- a ☐ Louis XIV.
- b ☐ Louis XIII.
- c ☐ André Le Nôtre.

La Bretagne

Avant le film

1 **Cherche sur une carte de France où se situe la Bretagne.**

2 **Associe ces mots à leur traduction.**

1 ☐ menhir
2 ☐ muraille
3 ☐ rempart
4 ☐ chemin de ronde
5 ☐ maison à pan de bois
6 ☐ maison à pignons pointus

a cammino di ronda
b bastione
c casa con tetto appuntito
d casa a graticcio
e muraglia
f megalito

Pause culture

Pendant le film

3 **Regarde la vidéo et coche les noms que tu as entendus.**

1 ☐ Côte-d'Azur
2 ☐ Côtes-d'Armor
3 ☐ Côte d'Émeraude
4 ☐ Dinard
5 ☐ Mont Saint-Michel
6 ☐ Dinan
7 ☐ Saint-Tropez
8 ☐ Carnac

4 **Complète le texte qui présente la région. Aide-toi des mots donnés.**

réserve • panoramas • péninsule • éperon • pointes • falaise • parc • départements

À l'époque de la conquête de la Gaule, au Ier siècle avant J.C., la Bretagne s'appelait Armorique.
Ce nom gaulois désigne le peuple qui vit près de la mer. La Bretagne est en effet une **1** _______________ qui s'avance dans l'Océan Atlantique et la Manche. Elle regroupe les **2** _______________ des Côtes-d'Armor, du Finistère, de l'Ille-et-Vilaine et du Morbihan.
C'est la région de France qui possède la plus grande longueur de côtes : 1 100 km. Pour profiter au mieux des **3** _______________ qu'offre cette région, il faut se rendre sur les **4** _______________.
La plus célèbre est la Pointe du Raz, un **5** _______________ rocheux classé « grand site national ».
La Côte d'Émeraude s'étend au nord de la péninsule et doit son nom à son eau bleu-vert.
Du haut de la **6** _______________ rouge du cap Fréhel, on peut admirer un panorama magnifique.
Une **7** _______________ naturelle et un **8** _______________ornithologique protègent plus de 120 espèces d'oiseaux en migration.

5 ▶ **Regarde de nouveau la vidéo et coche les bonnes réponses.**

1 À Carnac, il y a
- a ☐ des falaises rocheuses.
- b ☐ des calendriers anciens.
- c ☐ des menhirs.

2 À Dinan, on trouve des maisons qui datent
- a ☐ du Moyen Âge.
- b ☐ du XVIe siècle.
- c ☐ du XIXe siècle.

3 La spécialité de la région est
- a ☐ la tarte Tatin.
- b ☐ la gaufre.
- c ☐ la crêpe.

4 Saint-Malo était une ville de
- a ☐ corsaires.
- b ☐ soldats.
- c ☐ peintres.

5 Saint-Malo est une ville
- a ☐ de style gothique.
- b ☐ au plan circulaire.
- c ☐ fortifiée par des remparts.

6 Sur le Mont Saint-Michel se trouve
- a ☐ une abbaye de style gothique.
- b ☐ une forteresse militaire.
- c ☐ un site préhistorique.

7 Les rois de France ont utilisé le Mont Saint-Michel comme
- a ☐ demeure de vacances.
- b ☐ prison.
- c ☐ demeure royale.

8 Le Mont Saint-Michel
- a ☐ n'est plus entouré par la mer.
- b ☐ est entouré par la mer.
- c ☐ est entouré par un fleuve.

Après le film

6 **Production écrite** **Écris des textes à partir des mots donnés. Tu dois présenter Carnac, Dinan, Saint-Malo et le Mont Saint-Michel.**

Carnac : site – menhirs – calendrier – astres

Dinan : remparts – château – maison à pans de bois – crêpes

Saint-Malo : maritime – corsaires – remparts – chemin de ronde – bassin – fort

Mont Saint-Michel : abbaye – lieu de culte – murailles – prison – digue – passerelle

7 **Production orale** **À la fin de l'année, l'école organise un voyage scolaire en France. Tu essaies de convaincre ton professeur de choisir la Bretagne comme destination en lui présentant la région. Aide-toi de la vidéo que tu viens de voir.**

L'Outre-Mer

Compréhension écrite

1 Lis le texte et réponds aux questions.

L'**Outre-Mer** représente 17 territoires et 2,6 millions d'habitants. On appelle « outre-mer » les territoires qui appartiennent à la France mais qui ne se situent pas en Europe. En Amérique, il y a les **Antilles françaises** avec la **Martinique** et la **Guadeloupe** dans la mer des Caraïbes. La **Guyane** se trouve en Amérique du Sud juste au-dessus de l'Équateur. C'est le plus vaste département français. 90 % du territoire est recouvert par la forêt amazonienne. À Kourou, il y a une station spatiale d'où partent des fusées.
Saint-Pierre-et-Miquelon se trouve à côté du Canada.
Dans l'océan Pacifique, il y a la **Polynésie** française et la **Nouvelle-Calédonie**.
Dans l'océan Indien, on compte aussi **La Réunion** et **Mayotte**.

La Martinique

Saint Pierre et Miquelon

DOM-TOM : départements et territoires d'outre-mer.
DROM-COM : départements et régions d'outre-mer et collectivités d'outre-mer.
Les **DROM** sont les Départements et Régions d'outre-mer et appartiennent à l'Union Européenne : il s'agit de la Guadeloupe, de la Martinique, de la Guyane, de La Réunion et de Mayotte dans l'océan Indien.
Les **COM** sont les Collectivités d'outre-mer, elles ont un gouvernement local.
Les **TAAF** sont les Terres Australes et Antarctiques Françaises. Ce sont des terres inhabitées.

La Réunion

1 Où se situent les pays d'outre-mer ?
2 Où se situent les Antilles ?
3 Où se situe la Guyane ?
4 Qu'y a-t-il à Kourou ?
5 Quelles îles françaises compte-t-on dans l'océan Indien ?
6 Que signifie DOM-TOM ?

Compréhension orale

2 1.40 **Écoute l'enregistrement et coche vrai (V) ou faux (F).**

		V	F
1	La Réunion est une île montagneuse.	☐	☐
2	L'île appartient à l'archipel des Araignées.	☐	☐
3	Le littoral de l'île mesure 200 kilomètres.	☐	☐
4	Il y a trois volcans sur l'île.	☐	☐
5	Le piton des Neiges culmine à 3 070 mètres.	☐	☐
6	Le piton de la Fournaise est un des volcans les plus actifs de la planète.	☐	☐

Production écrite

3 **Et toi ? Tu es parti en vacances pour visiter la Réunion. Envoie une carte postale à un copain.**

Pause culture

La Polynésie

4 **Regarde la vidéo puis coche vrai (V) ou faux (F).**

		V	F
1	La Polynésie française est un département d'outre-mer.	☐	☐
2	La Polynésie est composée de cinq archipels.	☐	☐
3	La Polynésie française se situe dans l'océan Atlantique.	☐	☐
4	La fleur de tiaré est l'emblème national.	☐	☐
5	Papeete est la capitale de la Polynésie.	☐	☐
6	Les polynésiens n'aiment pas danser.	☐	☐
7	Un marae est une église.	☐	☐
8	Bora Bora est une île volcanique.	☐	☐
9	Les perles de Tahiti sont blanches.	☐	☐
10	Moorea est aussi appelée l'« île des chercheurs ».	☐	☐

La Révolution Française

Compréhension écrite

1 **Lis le texte et réponds aux questions.**

Au milieu du XVIIIe siècle, la France est encore gouvernée par un roi tout puissant : c'est la **Monarchie absolue**.
La société construite autour de trois ordres est inégalitaire : il y a la **noblesse**, le **clergé** et le **Tiers État** (les paysans). Ce dernier n'a aucun avantage et paie le plus d'impôts.
En 1774, Louis XVI accède au trône. Les philosophes Montesquieu, Rousseau et Voltaire rejettent le pouvoir abusif et défendent la liberté et le principe d'égalité entre tous les hommes : on les appelle les **philosophes des Lumières**.
En 1788-1789 une importante crise financière touche le pays. De plus, les mauvaises récoltes provoquent la hausse des prix. Le peuple souffre. Les **États généraux** (la réunion des représentants des trois ordres) se réunissent. Des cahiers de doléances sont rédigés.
Le 20 juin, les députés du Tiers État et leurs partisans font le **Serment du jeu de Paume** : il s'agit de l'acte fondateur de la démocratie française. Ils veulent que la Constitution du Royaume soit établie et affermie.
Le **14 juillet**, le peuple parisien s'empare de la **Bastille**. Cette forteresse est le symbole du pouvoir absolu du roi qui, dans l'Ancien Régime, pouvait mettre en prison toute personne sans jugement et par sa seule volonté. La prise de la Bastille est devenue le symbole de la Révolution française.
Pendant l'été 1789, l'agitation gagne les campagnes. Les paysans ont peur. Ils se révoltent et s'en prennent aux seigneurs et à leurs biens. Le 4 août, pour rétablir l'ordre, les députés votent la fin des privilèges de la noblesse et du clergé : la société inégalitaire de l'Ancien régime prend fin.
Le 26 août, les députés adoptent la **Déclaration des droits de l'homme et du citoyen**. Pour la première fois, tous les Français sont déclarés libres et égaux.
Cependant, les monarques européens ont peur de la Révolution française. Louis XVI n'est plus libre à Paris et décide de retrouver des fidèles de la Monarchie. Il fuit, mais, il est arrêté à Varennes. Il est placé « sous la surveillance du peuple » au palais des Tuileries. La confiance entre le roi et son peuple est brisée.
Le 21 janvier 1793, le roi est guillotiné.

1 Comment s'appelle la Monarchie au XVIIIe siècle ?
2 Comment est organisée la société de l'époque ?
3 Qui est le Tiers État ?
4 Quel roi règne lors de la Révolution ?
5 Qui sont les philosophes des Lumières ?
6 Que se passe-t-il en 1788-1789 ?
7 Qu'est-ce que le Serment du jeu de Paume ?
8 Que se passe-t-il le 14 juillet ?
9 Quand a été adoptée la Déclaration des droits de l'homme et du citoyen ?
10 Qu'est-il arrivé à Louis XVI ?

Compréhension orale

2 1.41 **Écoute et coche vrai (V) ou faux (F).**

	V	F
1 La Révolution a bouleversé la société.	☐	☐
2 Le roi garde ses pouvoirs après la Révolution.	☐	☐
3 Le peuple ne peut toujours pas voter.	☐	☐
4 La Marseillaise devient l'hymne national.	☐	☐
5 Les écoles sont publiques.	☐	☐
6 Le mariage se fait uniquement à l'Église.	☐	☐
7 On peut divorcer.	☐	☐
8 Les mesures comme le mètre, le litre et le gramme apparaissent.	☐	☐

Production écrite

3 **Et toi ? Après avoir lu le texte, fais des recherches sur Internet et crée une frise chronologique sur les événements de la Révolution française.**

Pause culture

La Révolution

4 **Regarde la vidéo, puis coche si les affirmations sont vraies (V) ou fausses (F).**

	V	F
1 C'est Louis XVI qui organise les États Généraux.	☐	☐
2 Il y a deux ordres pendant la Monarchie, le clergé et le Tiers-État.	☐	☐
3 Dans le cahier de doléances, on écrit tout ce qui ne va pas.	☐	☐
4 La prise de la Bastille a lieu le 26 juin 1789.	☐	☐
5 La Bastille est le symbole du pouvoir autoritaire.	☐	☐
6 Les paysans n'ont jamais pillé les châteaux.	☐	☐
7 Le 4 août, on abolit les privilèges et les droits féodaux.	☐	☐
8 Louis XVI est guillotiné en 1793.	☐	☐

Le Romantisme

Compréhension écrite

1 Lis le texte et coche vrai (V) ou faux (F).

Le romantisme est un mouvement artistique qui apparaît d'abord dans la littérature vers la fin du XVIIIe siècle en Allemagne. Il s'étend ensuite à toute l'Europe au XIXe siècle.
Ce mouvement rejette le rationalisme et le classicisme. Les romantiques adoptent des postures tragiques par rapport au monde. Les artistes aspirent à un idéal, parlent de sentiments, d'exotisme et de mystère.
Ils communient avec la nature.

Chateaubriand (1768-1848)
Il est le maître le plus direct des romantiques.
Il analyse l'amour, mais il s'exprime directement, violemment, avec douleur. L'amour est idéalisé, divinisé, presque. Le *Génie du christianisme* est publié en 1802. Le personnage de René est le prototype du héros romantique : il est passionné et toujours insatisfait. Il éprouve un sentiment de mélancolie, un dégoût de la vie, un désaccord avec son époque. Chateaubriand marque aussi le XIXe siècle par son goût pour l'Orient et l'histoire. Il introduit un nouveau genre de littérature : le récit de voyage et met l'Orient à la mode.
Mémoires d'outre-tombe est écrit entre 1811 et 1841. L'auteur se montre historien, mémorialiste et autobiographe. Il mêle histoire et intime : ses souvenirs, des méditations religieuses, des visions prophétiques, des portraits satiriques… tout se mélange.

Victor Hugo (1802-1885)
Dès son plus jeune âge, Victor Hugo compose des vers et des poèmes. Il devient ainsi poète, romancier, dramaturge et même dessinateur. Il considère les écrivains de son époque trop classiques et devient le chef de file des romantiques. Parmi ses œuvres les plus célèbres, on compte *Notre-Dame de Paris* et *les Misérables*.
Toute sa vie, Victor Hugo est très engagé politiquement et doit même s'exiler à cause de ses idées contre Napoléon III. Il reste en exil à Guernesey pendant 19 ans.
Il se bat pour la liberté, contre la censure et la peine de mort. Il lutte aussi pour un enseignement pour tous et contre la misère.

En peinture, on peut citer les artistes **David**, **Géricault** et **Delacroix** et en musique **Hector Berlioz**.

		V	F
1	Le romantisme est un mouvement uniquement en peinture.	☐	☒
2	Ce mouvement est né en Angleterre.	☐	☒
3	Les romantiques sont très joyeux.	☐	☒
4	Pour Châteaubriand, l'amour est divinisé.	☒	☐
5	Chateaubriand aime l'Orient.	☒	☐
6	Victor Hugo n'a jamais écrit de poèmes.	☐	☒
7	Victor Hugo est très engagé politiquement.	☒	☐
8	Victor Hugo a été en exil en Italie.	☐	☒
9	Victor Hugo est pour la peine de mort.	☐	☒
10	Hector Berlioz est un musicien.	☒	☐

Compréhension orale

2 1.42 **Écoute et associe chaque titre et chaque artiste à son tableau.**

1 B Le Radeau de la Méduse de Géricault

2 A La barque de Dante de Delacroix

Production écrite

3 **Et toi ? Recherche un écrivain et un peintre romantiques italiens et présente-les.**

Pause culture

Promenade dans Paris

4 **Regarde la vidéo, puis coche les bonnes réponses.**

1 De quel écrivain parle-t-on ?
- a [x] Victor Hugo.
- b [ ] Alexandre Dumas.
- c [ ] Honoré de Balzac.

2 Où habitait-il ?
- a [ ] Sur l'île Saint Louis.
- b [ ] À côté du Jardin du Luxembourg.
- c [x] Place des Vosges.

3 Quel roman célèbre a-t-il écrit ?
- a [x] Notre-Dame de Paris.
- b [ ] Sur le Parvis de Notre-Dame.
- c [ ] Le démon pensif.

4 Que représentent les gargouilles et les chimères ?
- a [ ] Des princesses.
- b [ ] Des plantes.
- c [x] Des monstres.

5 Où danse Esméralda ?
- a [x] Sur le parvis de Notre-Dame.
- b [ ] Dans Notre-Dame.
- c [ ] Près des cloches de Notre-Dame.

6 Qu'est-ce que le Panthéon ?
- a [ ] C'est un beau jardin.
- b [x] C'est le lieu où sont inhumés les grands hommes.
- c [ ] C'est une place.

La Seconde Guerre mondiale

Le Général de Gaulle

Compréhension écrite

1 Lis le texte et réponds aux questions.

La seconde guerre mondiale se déroule de 1939 à 1945.
Elle oppose deux camps : d'un côté l'**Axe** (Allemagne, Italie, Japon) et de l'autre les **Alliés** (Grande-Bretagne, États-Unis, France, Chine, puis URSS à partir de 1941).

Les causes de la guerre

La première guerre mondiale a ruiné l'Europe. L'Allemagne a perdu et doit payer de lourdes compensations aux pays vainqueurs.
En 1929, une crise économique mondiale éclate : de nombreuses personnes perdent leurs emplois et en Allemagne **Hitler**, leader du parti Nazi, promet de sortir de cette situation. Hitler met en place une dictature violente et raciste : les juifs, les Tziganes, les homosexuels et tous les présumés opposants sont envoyés dans des camps de concentration.
La guerre éclate en 1939.

Les phases de la guerre

- 1939-1941 : Les succès allemands
- 1941 : année de rupture (changement de camp des Soviétiques)
- 1941-1945 : victoire progressive des alliés

En Europe, seule l'Angleterre de **Churchill** résiste.
La France est vaincue en 1940 par la guerre éclair (*blitzkrieg*) menée par les allemands.
En 1940, **Pétain** demande l'armistice et une partie de la France est occupée par les troupes allemandes. La France se divise en deux camps : la **France de Vichy** (ville où est centralisé le pouvoir durant l'occupation) et **la Résistance** incarnée par les forces armées libres du **Général de Gaulle**.

La Résistance

En France, le général de Gaulle se réfugie auprès des anglais et passe son célèbre appel du **18 juin 1940** pour demander aux français de résister et de poursuivre les combats. Les Forces Françaises Libres se développent. Les jeunes rejoignent le **maquis**, des zones rurales reculées. En 1941, le Général de Gaulle envoie **Jean Moulin** en France pour unifier l'ensemble des mouvements de la Résistance. En 1943, il fonde le **CNR**, Conseil National de la Résistance. Cependant, Jean Moulin est arrêté par la Gestapo le 21 juin 1943 et est tué.
Paris est libérée en août 1944.
En 1945, avec la victoire de la France, la démocratie revient et la **IVe République** voit le jour.

1 Quels sont les pays de l'Axe ?
2 Quels sont les pays Alliés ?
3 Que se passe-t-il en 1929 ?
4 Quelles sont les phases de la guerre ?
5 Quel est le seul pays qui résiste ?
6 Que fait Pétain en France ?
7 Que se passe-t-il le 18 juin 1940 ?
8 Où se cachent les résistants ?
9 Qui est Jean Moulin ?
10 Que se passe-t-il à la fin de la guerre en France ?

Compréhension orale

2 1.43 **Écoute l'enregistrement et coche les bonnes réponses.**

1 Il s'agit
- a ☐ d'un extrait de film.
- b ☐ d'une émission radio.
- c ☐ d'un témoignage.

2 Le fait raconté se passe en
- a ☐ 1932.
- b ☐ 1942.
- c ☐ 1952.

3 Lors de cette rafle, on a arrêté
- a ☐ plus de 13 000 personnes.
- b ☐ 30 000 personnes.
- c ☐ 130 000 personnes.

4 Les femmes ont été arrêtées par
- a ☐ des policiers.
- b ☐ des gendarmes.
- c ☐ des médecins.

5 Le père de la jeune fille
- a ☐ est mort.
- b ☐ a été arrêté.
- c ☐ a disparu.

6 Le Vélodrome d'Hiver est
- a ☐ un cirque.
- b ☐ un cinéma.
- c ☐ un complexe sportif.

Production écrite

3 Et toi ? Sais-tu comment s'est organisée la résistance en Italie durant la Seconde Guerre mondiale ? Indique les principales phases de cette période et le rôle des personnages qui ont permis d'en sortir.

Pause culture

La rafle

4 **Regarde la vidéo, puis complète le texte.**

La famille Muller vit dans le XXe arrondissement de (1) ____________. Le 16 juillet (2) ____________, la (3) ____________ frappe à la porte de l'appartement. La (4) ____________ doit se dépêcher de préparer ses affaires. Ce jour-là, plus de 10 000 (5) ____________ sont raflés. Les (6) ____________ viennent du (7) ____________ nazi. On n'imaginait pas que les (8) ____________ et les (9) ____________ allaient être aussi arrêtés. Après le centre de rassemblement du quartier, on les emmène au (10) ____________ d'hiver : c'est une zone d'attente désignée par les nazis.

Le débarquement en Normandie

Avant le film

1 **Cherche sur une carte de France où se situe la Normandie.**

Pause culture

Pendant le film

2 ▶ **Regarde la vidéo et les photos, puis coche la photo correspondant au lieu du débarquement.**

3 ▶ **Regarde de nouveau la vidéo, puis coche les bonnes réponses.**

1 On parle de la journée du
- **a** ☐ 6 juin 1944.
- **b** ☐ 16 juin 1944.
- **c** ☐ 26 juin 1944.

2 Ces scènes se passent
- **a** ☐ aux États-Unis.
- **b** ☐ en Angleterre.
- **c** ☐ en France.

3 Il s'agit de
- **a** ☐ libérer la France.
- **b** ☐ libérer les États-Unis.
- **c** ☐ libérer l'Allemagne.

4 On appelle ce jour
- **a** ☐ le Jour D.
- **b** ☐ le Jour G.
- **c** ☐ le Jour J.

Après le film

4 Production orale **En vue de l'examen, tu prépares un exposé sur le débarquement des troupes alliées en Normandie. Aide-toi de la vidéo que tu viens de regarder.**

Anna Maria Crimi Domitille Hatuel

ESPRIT PLUS

Méthode de **français**

CAHIER

B

Sommaire

13 Ce n'est pas possible !

Compréhension du texte

1 1.1 **Ascolta il dialogo di pagina 10 e segna le risposte esatte.**

1 La scène se passe dans
- a ☐ la chambre de Charles.
- b ☐ la cuisine de Charles.
- c ☒ le salon de Charles.

2 Charles parle avec
- a ☐ son père.
- b ☐ sa mère.
- c ☐ son frère.

3 La guitare est
- a ☐ neuve.
- b ☐ cassée.
- c ☐ abîmée.

4 Charles ne veut plus que
- a ☐ le chat s'approche de sa guitare.
- b ☐ le chat habite chez lui.
- c ☐ le chat entre dans la maison.

5 Le père pense que
- a ☐ c'est grave.
- b ☐ ce n'est pas grave.
- c ☐ c'est normal.

6 Charles prépare
- a ☐ une comédie musicale.
- b ☐ un concert classique.
- c ☐ un concert de rock.

2 **Scrivi il nome degli strumenti che vedi, poi associali al rispettivo proprietario.**

A

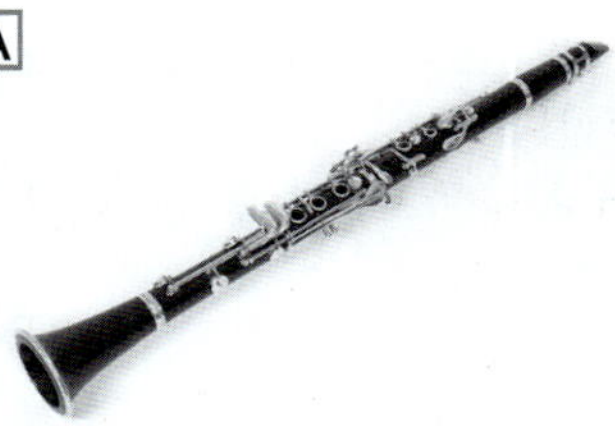

____

B

____

C

____

1 ☐ Charles   2 ☐ Émilie   3 ☐ Karl

Phonétique

Les sons [ø] et [œ]

1 1.2 **Ascolta e segna il suono che senti.**

	ø	œ
1		✗
2		
3		
4		
5		
6		
7		
8		

2 1.3 **Ascolta e completa la poesia.**

Il pleure dans mon cœur

Il pleure dans mon c___r
Comme il pl___t sur la ville ;
Quelle est cette lang___r
Qui pénètre mon c___r ?
Ô bruit doux de la pluie
Par terre et sur les toits !
Pour un c___r qui s'ennuie
Ô le chant de la pluie !
(Paul Verlaine)

1 Scrivi il nome di ogni strumento.

1

le saxophone

2

______

3
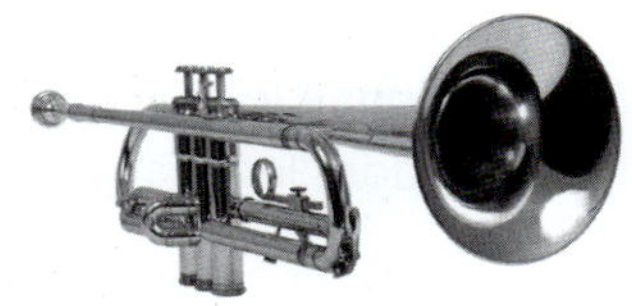

______

4

______

5

______

6

______

2 Scrivi il nome di ogni strumento nella categoria corrispondente.

la batterie • la guitare • la harpe • le violoncelle • ~~le violon~~
le piano • la flûte traversière • le saxophone • la trompette

1 Instruments à cordes : *le violon,* ______
2 Instruments à vent : ______
3 Percussion : ______

3 Completa il cruciverba.

1
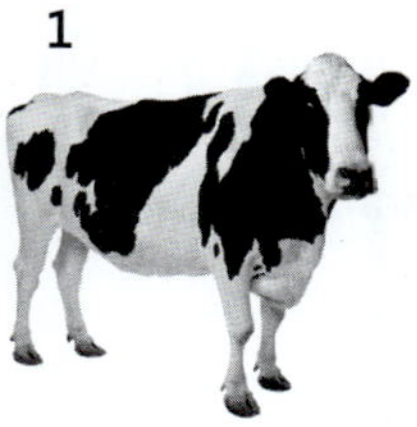

2

3

4

5

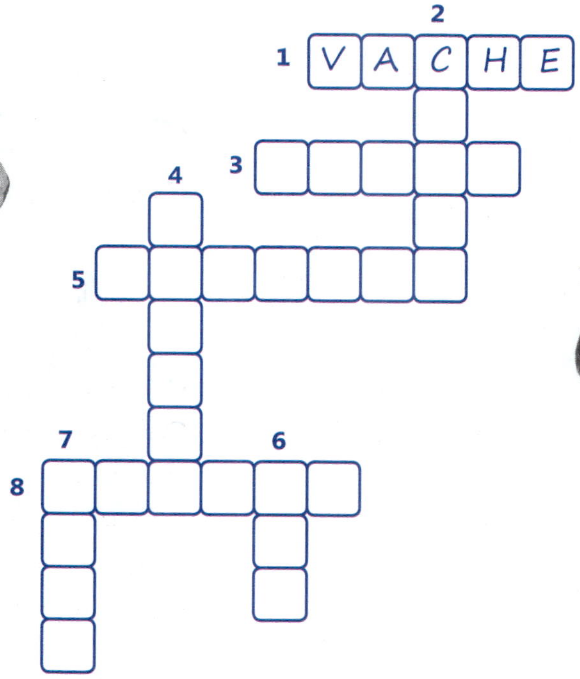

6

7

8

13 Communication

1 Rimetti in ordine il dialogo.

a ☐ Un bruit comme un petit cri.

b ☐ Oui, c'est vrai… J'aime les chiens. Alors, j'ai donné le chat à ma copine Sophie : elle adore les chats !

c ☐ 1 Il m'est arrivé quelque chose hier…

d ☐ Tu n'adores pas les chats ? C'est vrai ?

e ☐ Ah oui ? Raconte.

f ☐ Un bruit ? Un bruit comment ?

g ☐ Qu'est-ce que j'ai fait ? J'ai pris le chat, mais moi je n'adore pas les chats…

h ☐ Vraiment ?

i ☐ Et qu'est-ce que c'était ?

j ☐ Je sortais de mon immeuble et j'ai entendu un petit bruit.

k ☐ C'était un petit chat perdu.

l ☐ Oh, j'adore les chats, ça m'intéresse de savoir. Qu'est-ce que tu as fait ?

m ☐ Oui, vraiment.

2 Completa il dialogo con le battute mancanti.

- *Qu'est-ce que tu as vu au théâtre ?*
  - Au théâtre, j'ai vu une comédie musicale.
- ______________________________.
  - Je te raconte : c'était la comédie musicale de *La Belle et la Bête*.
- ______________________________.
  - Oui, c'était bien et toi qu'est-ce que tu as vu ?
- ______________________________.
  - *Le Bossu de Notre Dame*… je trouve ça intéressant et toi ?
- ______________________________.
  - Tu ne trouves pas ça intéressant ? Tu t'es ennuyé ? Dommage.

3 Osserva i disegni e scrivi i dialoghi.

- *Ce n'est pas possible !* Ma sœur est terrible.
  - *Allez, calme-toi.*

- ______________ Les voisins font du bruit !
  - ______________________________.

- ______________ Tes notes sont mauvaises !
  - ______________________________.

- ______________ La cuisine est sale !
  - ______________________________.

Le présent continu

1 Cosa stanno facendo? Osserva i disegni e scrivi una didascalia.

1

Mme Seraut est en train de ranger la chambre de son fils.

2

____

3

____

4

____

Le futur proche

2 Volgi le frasi al *futur proche*.

1 Vous étudiez pour le contrôle.
Vous allez étudier pour le contrôle.
2 Elle fait ses courses.
____
3 Julie et Quentin rencontrent leurs copains.
____
4 Ma mère prépare un dessert au chocolat.
____
5 Je regarde la télé dans le salon.
____
6 Vous écoutez de la musique rock.
____
7 Louise et ses copines font de la danse.
____
8 Tu organises un voyage de classe.
____

Le superlatif absolu

3 Riscrivi le frasi con un superlativo assoluto.

1 J'ai vu un bel ordinateur.
J'ai vu un très bel ordinateur.
2 Ce dessert est bon.
3 Ton copain Suisse est bavard.
4 C'est une BD amusante.
5 Nous avons visité une belle ville.
6 Tu as un gros sac à dos.

Le verbe *recevoir*

4 Completa coniugando i verbi all'indicativo presente.

décevoir • ~~recevoir~~ (4) • apercevoir

1 Vous recevez des élèves étrangers dans votre collège.
2 Tu __________ ton copain de loin.
3 Il n'étudie pas et il __________ ses professeurs.
4 Je __________ des compliments.
5 Nicolas et Kevin __________ un appel téléphonique.
6 Vous __________ une invitation pour l'anniversaire de Maïwen.

Je maîtrise

5 Traduci le frasi.

1 Sto uscendo per andare al cinema con i miei amici.
Je suis en train de sortir pour aller au cinéma avec mes amis.
2 Victor sta per telefonare alla sua amica canadese. ______________________
____
3 Ecco il mio telefono, è modernissimo.
____
4 Manuel e Carolina ricevono sempre delle cartoline dai loro amici svizzeri.
____

Écouter

1 1.4 **Ascolta la registrazione e rispondi alle domande.**

1 Quel Ministre a voulu la Fête de la Musique ?
- a ☐ Le ministre Jack Long.
- b ☐ Le ministre Joseph Lang.
- c ☐ Le ministre Jack Lang.

2 La première Fête de la Musique date du
- a ☐ 21 juin 1982.
- b ☐ 21 juin 1892.
- c ☐ 21 juin 1992.

3 Le 21 juin est
- a ☐ le solstice d'hiver.
- b ☐ le solstice de printemps.
- c ☐ le solstice d'été.

4 La fête propose des
- a ☐ concerts payants.
- b ☐ concerts gratuits.
- c ☐ concerts populaires.

5 La fête est exportée à l'étranger
- a ☐ en 1985.
- b ☐ en 1995.
- c ☐ en 1895.

6 Aujourd'hui la fête est reprise
- a ☐ dans plus de 130 pays.
- b ☐ dans plus de 120 pays.
- c ☐ dans plus de 100 pays.

Lire

2 Leggi il testo e rispondi alle domande.

La Fête de la Musique

La Fête de la Musique existe depuis 1981. C'est le ministre de la Culture de l'époque Jack Lang qui en a l'initiative. Il souhaite que toutes les musiques se rencontrent sans hiérarchie de genre ni d'origine. L'idée est de faire de cette journée une grande manifestation populaire pour que tous les musiciens s'expriment et se fassent connaître. Le jour choisit est le jour du solstice d'été, le 21 juin : c'est le jour le plus long dans l'hémisphère Nord.
Cette fête est gratuite et a lieu partout : les musiciens s'installent dans les rues, sur les places, dans les jardins publics, dans les gares... partout ! Le slogan est « Faites la fête ! Faites de la musique » Cette fête s'est exportée dans le monde entier : une charte a même été signée par plusieurs pays, il s'agit de la charte « La Fête Européenne de la Musique ». Aujourd'hui, 120 pays dans le monde y participent. Elle entre aussi dans les prisons et les hôpitaux.

1 Quand a été créée la Fête de la Musique ?
- a ☐ En 1971. b ☐ En 1981. c ☐ En 1891.

2 Qui a eu l'initiative de cette fête ?
- a ☐ Le président de la République.
- b ☐ Le ministre de la Culture.
- c ☐ Le ministre de l'Éducation.

3 Quel est le jour choisi ?
- a ☐ Le jour le plus court de l'année.
- b ☐ Le jour le plus long de l'année.
- c ☐ La nuit la plus longue de l'année.

4 Où s'installent les musiciens ?
- a ☐ Dans des salles de concerts uniquement.
- b ☐ Dans la rue.
- c ☐ Dans des écoles de musique.

5 Quel est le slogan de la fête ?
- a ☐ Fête la fête ! b ☐ Faites la fête !
- c ☐ Faire la fête !

6 Combien de pays participent à cette fête aujourd'hui ?
- a ☐ 12 b ☐ 102 c ☐ 120

Écrire

3 Hai ricevuto un invito dal tuo amico per andare alla festa della musica. Purtroppo non puoi accettare. Scrivi una e-mail giustificando il tuo rifiuto.

Sei arrivato alla fine dell'unità 13. Che cosa sai fare?

À l'oral, je sais…

Exprimer sa colère

1 Dei vicini hanno dato una festa e tu non hai potuto dormire. L'indomani quando li incontri cosa dici?

Exprimer son intérêt ou sa déception

2 Hai letto un fumetto che ti è piaciuto o che ti ha deluso. Parlane con un tuo compagno.

À l'écrit, je sais…

ELISABETTA+ MARCO=AMORE

Réagir à la colère de quelqu'un

3 Un tuo compagno ti ha scritto per esprimere il suo disaccordo con un suo professore che ha punito tutta la classe. Gli rispondi e gli consigli di non innervosirsi.

14 La ville idéale

Compréhension du texte

1 1.5 **Ascolta il dialogo di pagina 22 e segna le risposte esatte.**

1 Anouk va avec sa copine
- a ☐ dans un parc.
- b ☒ en ville.
- c ☐ au collège.

2 Anouk dit qu'il y a
- a ☐ trop de voitures.
- b ☐ trop de fleurs.
- c ☐ trop d'habitants.

3 Marie a acheté
- a ☐ une revue.
- b ☐ une BD.
- c ☐ un DVD.

4 Marie lit le courrier des lecteurs qui parle de la ville
- a ☐ idéale.
- b ☐ d'aujourd'hui.
- c ☐ de demain.

5 Rose voudrait une ville
- a ☐ pratique.
- b ☐ verte.
- c ☐ petite.

6 Dans sa ville, Rose aimerait (*2 réponses*)
- a ☐ des places avec des fontaines.
- b ☐ des ludothèques.
- c ☐ des transports gratuits.
- d ☐ des maisons petites.
- e ☐ des espaces verts.

7 Pierre voudrait une ville
- a ☐ moderne.
- b ☐ grande.
- c ☐ ancienne.

8 Pierre voudrait des rues
- a ☐ propres.
- b ☐ silencieuses.
- c ☐ vertes.

2 Rose o Pierre? Associa le foto agli autori delle testimonianze di pagina 22.

1

____

2

____

3 Completa il testo con le parole date.

transports en commun • ~~villes~~ • espaces verts • bancs • voitures • centres commerciaux • places

Pour les jeunes, les (1) villes sont trop polluées. Il y a trop de (2) ____________ et on ne respire plus. Les jeunes rêvent de villes idéales. Ils aimeraient des villes avec des (3) ____________, des parcs. Leur ville idéale aurait aussi des (4) ____________ agréables avec des (5) ____________ pour s'asseoir. Les jeunes pensent aussi aux (6) ____________ : il faut des bus pour que les gens arrêtent d'utiliser leurs voitures. Les transports iraient jusque dans les (7) ____________ qui sont des lieux où on trouve tout. Bien sûr, pour tous, la ville idéale est propre !

1 Completa le definizioni sulla città e trova le dieci parole nella griglia.

1 C'est un espace où il y a des bancs pour s'asseoir. *Place*

2 C'est l'indicateur qui signale en rouge que les voitures doivent s'arrêter et en vert que les voitures doivent rouler. ______

3 Lieu où travaille le maire. ______

4 Lieu où les gens se retrouvent pour boire un verre. ______

5 Lieu où l'on va voir des pièces. ______

6 Lieu où l'on va voir des films. ______

7 Lieu où dorment les touristes en vacances. ______

8 Lieu en plein air pour faire du sport. ______

9 Construction comportant des appartements. ______

10 Espace vert. ______

M	G	K	G	J	Z	M	F	T	H
U	C	F	E	U	J	T	O	S	U
H	I	M	X	U	N	M	M	T	J
K	N	I	M	S	L	M	N	A	W
R	E	M	M	Ç	B	K	R	D	Q
L	M	I	R	M	D	K	Ç	E	R
M	A	I	R	I	E	T	C	F	Y
V	B	T	C	G	B	U	X	A	H
S	O	H	E	O	I	L	B	Ç	O
O	B	E	U	A	D	N	F	L	T
K	X	A	D	X	Ç	S	E	N	E
Z	S	T	R	Y	E	Q	O	V	L
M	T	R	P	L	A	C	E	P	I
U	P	E	M	Ç	E	T	I	K	A
L	N	E	J	A	R	D	I	N	Y

2 Scrivi a quale luogo della città corrispondono queste immagini.

1

la bibliothèque

2

______

3

______

4
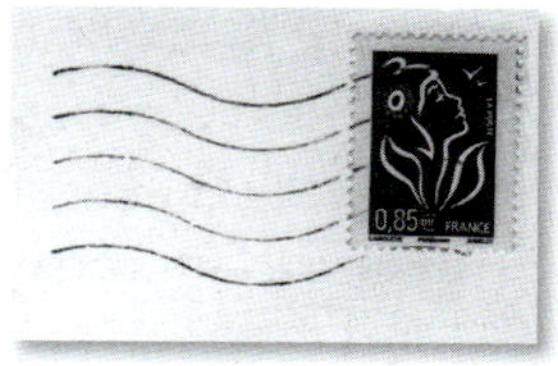

______

5

______

6
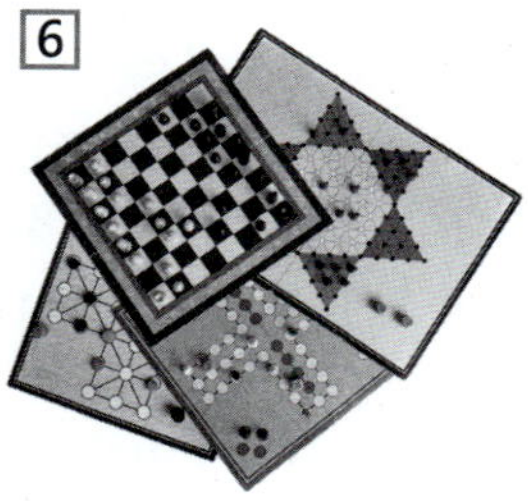
______

3 Completa il testo aiutandoti con i disegni.

J'habite en ville. Pour aller au collège, je prends mon (1)  *vélo*, mon père prend sa (2)  ______ et ma mère prend le (3)  ______. Nos cousins habitent à la campagne. Pour aller chez eux, à Noël, on prend la (4)  ______.

Aux vacances de printemps, on prend le (5)  ______ pour aller dans le Sud. Le TGV, c'est rapide ! L'été dernier, j'ai pris l'(6)  ______ pour aller aux États-Unis, on a fait un super voyage !

À New York, on prenait souvent le (7)  ______. Une fois, j'ai fait une croisière dans des îles de Méditerranée en (8)  ______.

14 Communication

1 Rimetti in ordine il dialogo.

a ☐ À quelle heure ouvre le musée d'Art moderne, s'il vous plaît ?
b ☐ Bonjour, que voulez-vous savoir ?
c ☐ Merci pour ces informations, au revoir.
d ☐ Le musée d'Art moderne ouvre à 10h.
e [1] Bonjour Madame, je viens visiter la ville et je voudrais des informations.
f ☐ Et à quelle heure ferme-t-il ?
g ☐ Il ferme à 18h.
h ☐ Oui, il est ouvert le vendredi soir jusqu'à 22h.
i ☐ Le métro est ouvert de 6h du matin à 23h, tous les jours.
j ☐ Il ferme à 18h ? C'est tôt... Est-il ouvert un soir ?
k ☐ Ah, 22h, c'est pratique. Quels sont les horaires du métro ?

2 Completa i dialoghi.

A
- *Tu sais où est la ludothèque ?*
  - Non, je ne sais pas où est la ludothèque.
- ______________________
  - Tu cherches la bibliothèque ? Oui, je sais où c'est !
- ______________________
  - Oui, c'est facile. Va tout droit et au feu tourne à gauche.
- ______________________
  - Non, ce n'est pas après mais c'est juste à côté de la banque.

B
- ______________________
  - Oui, bien sûr, je connais le collège Jules Verne.
- ______________________
  - Oui, mais c'est un peu loin. Il faut aller Place des Saussaies et tourner ensuite à droite au passage piéton. C'est la rue du Four.
- ______________________
  - Non, le collège n'est pas dans la rue du Four. Vous devez encore traverser le boulevard Chaptal et le collège se trouve juste en face.

3 Nel tuo quaderno. Guarda la piantina e scrivi le indicazioni per andare da casa tua (croce) alla scuola media.

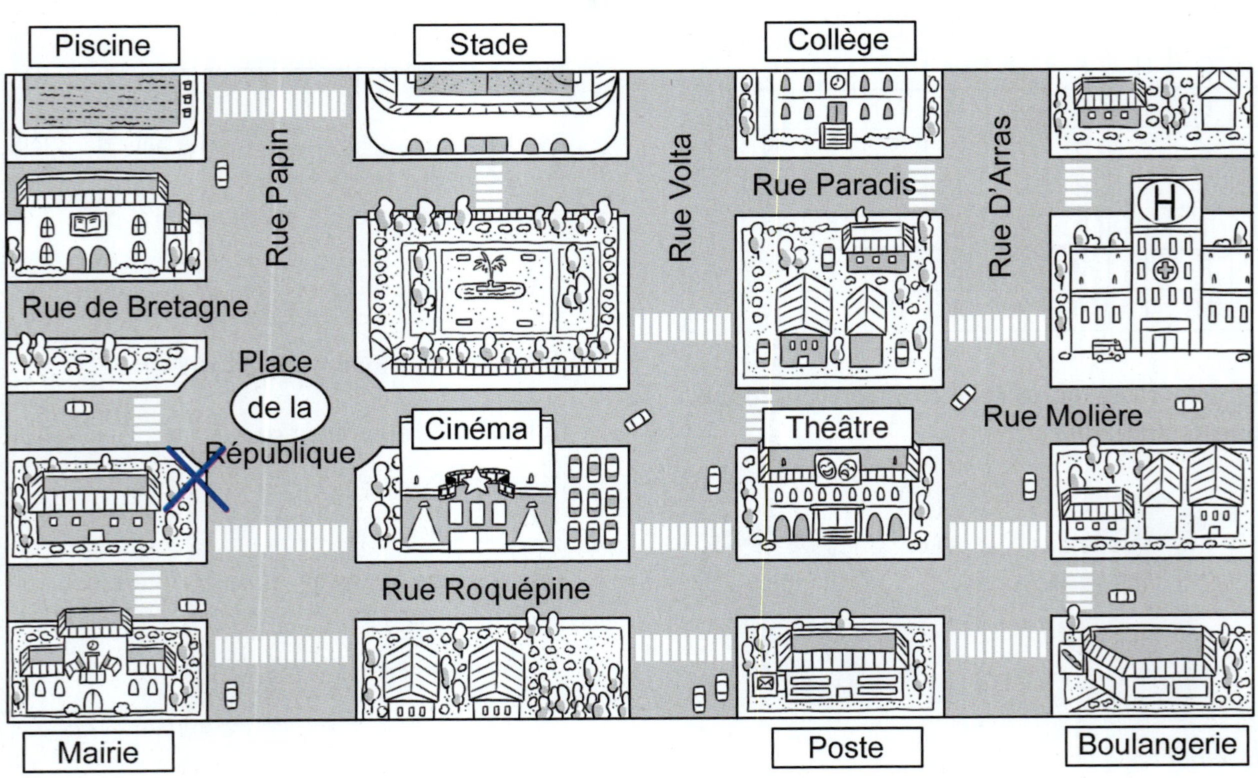

Les pronoms relatifs

1 Completa con il pronome relativo corretto.

1 Ma copine chante une chanson *que* je n'aime pas.
2 Dans ma classe, ce sont les garçons ______ ne travaillent pas.
3 La Provence est une région ______ mes parents aiment.
4 J'écoute le CD ______ tu connais bien.
5 Comment s'appelle la fille ______ a téléphoné à midi ?
6 J'aime la robe ______ tu portes.

Les adjectifs à double forme

2 Scegli la forma corretta.

1 Je regarde un *nouvel* / *nouveau* ordinateur dans la vitrine.
2 Devant ma maison, il y a un *vieux* / *vieil* chat.
3 Un *nouvel* / *nouveau* élève arrive en classe.
4 J'adore ce *bel* / *beau* immeuble .
5 Mehdi fréquente un *nouvel* / *nouveau* collège.
6 Luc a un *fol* / *fou* ami canadien.

3 Completa traducendo l'aggettivo.

1 Michaël est un (*vecchio*) *vieux* copain de mon père.
2 Laure habite dans un (*bel*) ______ quartier.
3 Aujourd'hui Anne porte son (*nuovo*) ______ pantalon.
4 Paul est un (*vecchio*) ______ homme de 70 ans.
5 Je n'aime pas manger la crème trop (*molle*) ______ .
6 Au CDI, il y a souvent de (*vecchio*) ______ articles.

Les pronoms personnels COD

4 Completa i mini dialoghi con i *COD*.

1 – Cyril ?
– Je ne *le* connais pas.
2 – Tu vois la jeune fille devant la porte ?
– Oui, je ______ vois.
3 – Nous appelons Manuel qui est dans la cour.
– Oui, mais il ne ______ entend pas.
4 – Nous appelons nos amis ce soir.
– Et moi je ______ appelle cet après-midi.
5 – Tu es en retard Zoé...
– Oui je ______ sais !
6 – Nous, on part demain matin. Et toi ?
– Je ne sais pas encore. Je peux ______ appeler ce soir ?
7 – J'ai acheté ces pommes ce matin.
– Non, tu ______ a achetées hier matin.
8 – Bonjour madame, je voudrais parler avec Simone.
– Attends, je ______ appelle.
9 – Voilà Mme Gélinot qui arrive.
– C'est le professeur qui ______ aide pour préparer le projet « Vivre la ville » ?
10 – On se donne rendez-vous où alors ?
– Je ne sais pas mais je ______ appelle pour te dire.

Le superlatif relatif

5 Forma delle frasi con i superlativi relativi.

1 copain / sportif / groupe (–)
C'est le copain le moins sportif du groupe.
2 chaise / confortable / classe (–)
______
3 BD / intéressante / année (+)
______
4 fleuve / long / pays (–)
______
5 train / rapide / France (+)
______
6 robe / élégante / magasin (–)
______
7 monument / visité / Paris (+)
______
8 animal / grand / zoo (–)
______
9 ville / belle / région (+)
______
10 garçon / rigolo / village (+)
______

Je maîtrise

6 1.6 Ascolta e completa le frasi.

1 Caroline *ne m'aime plus.*
2 Peux-tu ______
3 Hugo ______
4 Vous ______
5 Ils ______
6 C'est ______

Écouter

1 1.7 **Ascolta la registrazione e completa la tabella.**

	Numéro du train ou du vol	Destination	Porte d'embarquement ou quai	Départ / Retard / Arrivée
Annonce 1				
Annonce 2				
Annonce 3				
Annonce 4				
Annonce 5				
Annonce 6				

Lire

2 **Leggi il testo e rispondi alle domande.**

Grève ce mardi : perturbations limitées sur les réseaux SNCF et RATP

Les syndicats ont décidé une grande journée de grève et de manifestations ce mardi pour protester contre la réforme des retraites. Mais les transports ne devraient pas être trop perturbés. À la SNCF, le trafic devrait être normal sur la majorité des lignes TGV et sur les Eurostar, Thalys, Lyria et les trains vers l'Allemagne, le Luxembourg et l'Italie.
RER et métro : trafic ralenti. RER A, B et E, service normal. RER C, circulent deux trains sur trois en moyenne. RER D, circule un train sur deux en moyenne.

1 La grève dans les transports a été voulue par
a ☐ la SNCF. b ☐ la RATP. b ☐ les syndicats.

2 On proteste contre
a ☐ la réforme des retraites.
b ☐ la réforme des transports.
c ☐ la réforme du TGV.

3 Pour chaque moyen de transport, dis comment sera le trafic.

Train : ______________

Métro : ______________

4 Sur les lignes RER A, B et E,
a ☐ circule 1 train sur 2.
b ☐ circulent 2 trains sur 3.
c ☐ le service sera normal.

5 Sur la ligne du RER C,
a ☐ circule 1 train sur 2.
b ☐ circulent 2 trains sur 3.
c ☐ le service sera normal.

6 Sur la ligne du RER D,
a ☐ circule 1 train sur 2.
b ☐ circulent 2 trains sur 3.
c ☐ le service sera normal.

Écrire

3 **Nel tuo quaderno. Scrivi una e-mail a un amico che deve venire alcuni giorni a casa tua. Informalo sui problemi del traffico per colpa di uno sciopero.**

Sei arrivato alla fine dell'unità 14. Che cosa sai fare?

À l'oral, je sais…

Informer sur des horaires

1 **Sei per strada e ti chiedono gli orari d'apertura del cinema e della biblioteca. Rispondi.**

Indiquer un chemin

2 **Un nuovo alunno è arrivato nella tua classe. Deve andare dal collège alla stazione. Dagli le indicazioni per raggiungerla, e segna il percorso sulla cartina.**

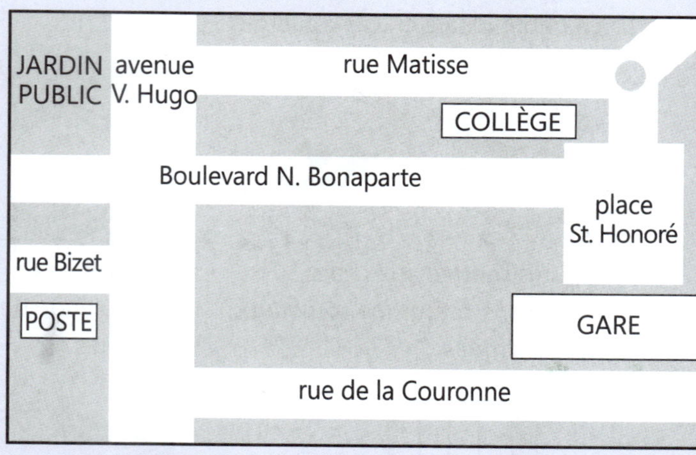

À l'écrit, je sais…

Donner des informations

3 **Un compagno di scuola deve venire a casa tua a studiare. Scrivi un messaggio per dargli le informazioni: scrivi l'indirizzo, come arrivare e il tipo di abitazione in modo che riconosca subito casa tua quando arriverà.**

15 Je suis allergique !

Compréhension du texte

1 1.8 **Riascolta il dialogo di pagina 40 e segna la risposta esatta.**

1 Les copains font une recherche
- a [X] avec l'ordinateur.
- b [ ] avec des livres.
- c [ ] avec des journaux.

2 Léa éternue
- a [ ] parce qu'elle a un rhume.
- b [ ] à cause des poils de chat.
- c [ ] parce qu'elle a froid.

3 Léa
- a [ ] est fatiguée.
- b [ ] a l'air en forme.
- c [ ] n'a pas l'air bien.

4 Nathan
- a [ ] sait que Léa est allergique.
- b [ ] ne sait pas que Léa est allergique.
- c [ ] est allergique aussi.

5 Rita va chez
- a [ ] Léa.
- b [ ] Yanis.
- c [ ] Nathan.

6 Les filles
- a [ ] feront un autre exposé.
- b [ ] feront l'exposé par téléphone.
- c [ ] ne feront pas l'exposé.

2 **Rileggi il testo di pagina 41 e completa le frasi.**

La chambre idéale en cas d'allergie :

a Interdis l'entrée aux chats, aux chiens, à tous *les animaux domestiques*.

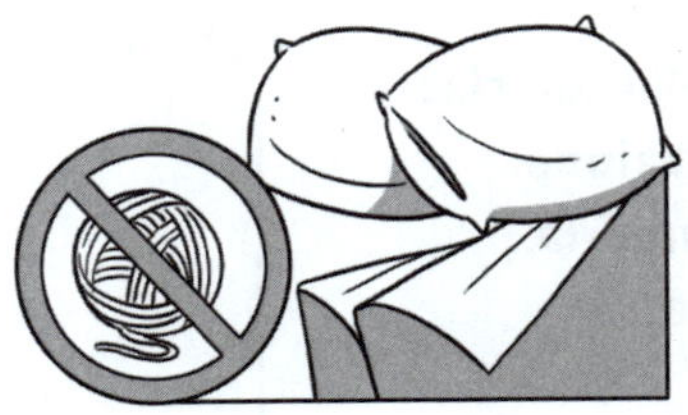

b Choisis des ____________ et du linge de lit spécial, évite la laine.

c Aère ta chambre tous les jours pendant ____________.

d Range tes vêtements dans une ____________.

e Enlève les ____________ et la ____________ au sol.

f Enlève les rideaux qui attrapent la ____________.

Phonétique

Les sons [b] et [v]

1 1.9 **Ascolta e segna il suono che senti.**

	1	2	3	4	5	6	7	8
[b]								
[v]	X							

1 Completa.

1 Tu as de la fièvre, tu as mal à la gorge, tu appelles le *médecin*.
2 Tu as une fracture, tu vas faire une ____________________.
3 Tu dois acheter du sirop, tu vas à la ____________________.
4 On te fait une piqûre car tu dois faire une ____________________.
5 Tu es tombé dans la rue, on t'emmène à l' ____________________.
6 Il a beaucoup de boutons, il a la ____________________.

2 Scrivi il nome sotto ogni foto.

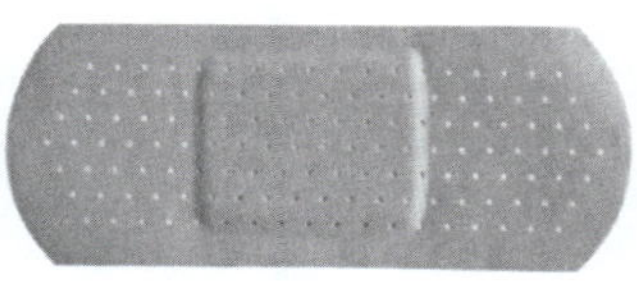

1 *le pansement*

2 ____________________

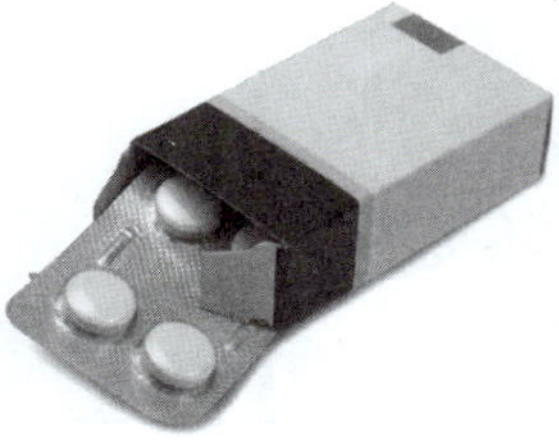

3 ____________________

4 ____________________

5 ____________________

3 Dove devono andare? Completa le frasi con le parole date.

hôpital • dentiste • pharmacie • ~~pédiatre~~ • médecin généraliste • cardiologue

1 Julien a 6 ans et il a de la fièvre. Sa mère l'emmène chez le *pédiatre*.
2 Ta mère a de la fièvre et elle a mal à la gorge. Elle appelle le ____________.
3 Gabriel a mal aux dents. Il a pris rendez-vous chez le ____________.
4 Jacques souffre de problèmes au cœur. Il doit aller consulter un ____________.
5 Jeanne doit acheter des médicaments. Elle va à la ____________.
6 Romain s'est cassé une jambe. On l'emmène à l' ____________.

4 Osserva le foto e indica di cosa soffrono.

1 *Il a mal aux dents.*

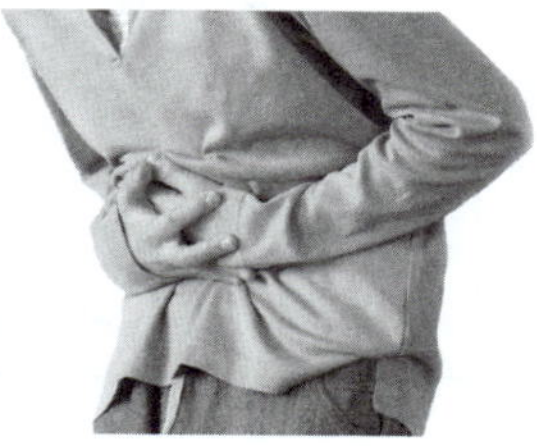

2 ____________________

3 ____________________

4 ____________________

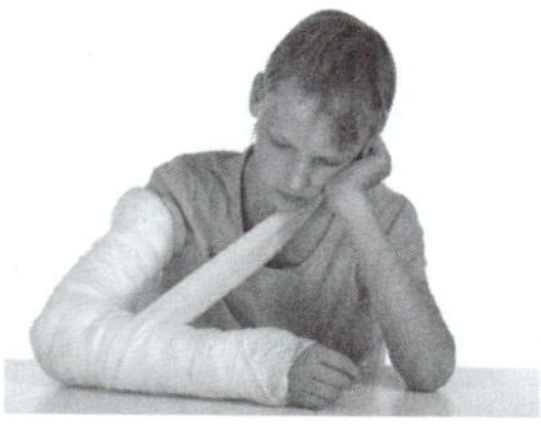

5 ____________________

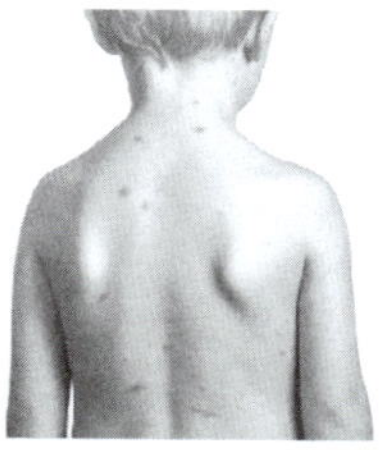

6 ____________________

1 Rimetti in ordine il dialogo.

a ☐ Vous avez pris sa température, combien elle a ?
b ☐ Très bien, merci Docteur.
c ☒ 1 Allô Docteur, c'est Madame Varille à l'appareil.
d ☐ Oui, c'est beaucoup en effet. Donnez-lui une aspirine et allez à l'hôpital, ensuite vous m'appellerez.
e ☐ Oui, bonjour, ça va ?
f ☐ Non, ça ne va pas du tout. J'appelle pour ma fille Rose.
g ☐ Qu'est-ce qu'elle a ?
h ☐ Elle a beaucoup de fièvre, elle a 39,5.
i ☐ Oui, je vais aller à l'hôpital, mais elle a aussi de la fièvre.
j ☐ Il faut aller à l'hôpital pour faire une radio.
k ☐ Elle est tombée et elle a très mal au poignet.

2 Osserva il disegno e descrivi il personaggio.

Il va mal. Il a ______________________
____
____
____
____

3 Completa i dialoghi e dai un consiglio a un amico.

1

- *Qu'est-ce que je dois faire pour être en forme ?*
  - *Tu dois faire du sport, courir c'est bien.*

2

- *Qu'est-ce que je dois faire pour ne pas grossir ?*
  - ______________________

3

- *Qu'est-ce que je dois faire pour être en forme demain matin ?*
  - ______________________

4

- *Qu'est-ce que tu me conseilles pour préparer cet exposé ?*
  - ______________________

5

- *Que faut-il faire en cas d'allergie ?*
  - ______________________

6

- *Tu peux m'aider à préparer la fête ?*
  - ______________________

Les pronoms personnels COI

1 Completa le frasi con i pronomi COI.

1 Juliette *lui* donne rendez-vous devant le cinéma.
2 Tu ________ écris une carte postale, à tes parents ?
3 Monsieur, je dois ________ parler des prochaines vacances.
4 Si tu veux, nous ________ donnons de l'argent pour le cinéma.
5 Venez, je ________ offre une glace ou une boisson.
6 Pour notre fête annuelle ma mère ________ prépare un gâteau.
7 À mes parents, moi je ________ dirai la vérité.
8 Clément ________ propose, à Nicole et à moi, de sortir samedi mais à 18h30.
9 Thomas, je ________ conseille d'étudier la leçon !
10 Quand je verrai ma copine je ________ donnerai le cadeau.

COD et COI avec l'impératif

2 Volgi le frasi all'imperativo affermativo e negativo.

1 Tu les invites.
Invite-les !
Ne les invite-pas !
2 Vous l'achetez.
____
____
3 Tu les rencontres.
____
____
4 Vous nous écoutez.
____
____
5 Vous les appelez.
____
____
6 Vous nous suivez.
____
____

Les pronoms *y* et *en*

3 Completa i mini-dialoghi con i pronomi *y* ed *en*.

1 – Je crois que Patricia réussira son examen du DELF.
– J'*y* crois, moi aussi.
2 – En mars, nous irons à Paris avec nos copains du collège.
– Et nous ____ irons en mai.
3 – Je suis sûr qu'elle viendra me voir après les cours.
– J'____ suis sûr moi aussi.
4 – Justine va à la neige pour Noël.
– Ah elle s'____ va, elle ne reste pas en ville ?
5 – J'ai tous les CD de M. Pokora. Tu sais je l'adore.
– Moi, j'____ ai plusieurs.
6 – Elle pense toujours à son projet ?
– Oui, elle ____ pense toujours.

Les verbes *souffrir* et *connaître*

4 1.10 Ascolta e scrivi i verbi.

1 *Il disparaît*
2 ________________
3 ________________
4 ________________
5 ________________
6 ________________

Je maîtrise

5 1.11 Ascolta e scrivi le frasi.

1 *Ne me parle pas de Nicole!*
2 ________________
3 ________________
4 ________________
5 ________________
6 ________________

15 Vers le DELF

Écouter

1 1.12 **Ascolta la registrazione e completa la tabella.**

Nom	Problème	Fièvre	Que doit-il faire pour guérir ?
Emma			
Lola			
Hugo			
Manon			
Adam			
Lina			

Lire

2 Hai l'influenza, osserva i disegni e abbinali ai consigli.

1 Habillez-vous chaudement, surtout reposez-vous et restez chez vous dès l'apparition des premiers symptômes.

2 Buvez des boissons chaudes : tisane, thé, ... avec du miel.

3 Prenez une douche de vapeur ou un bain à base de thym ou d'huile essentielle de thym.

4 Lavez-vous régulièrement les mains, il s'agit d'un très bon moyen préventif pour éviter d'attraper une grippe.

5 Placez un mouchoir en papier devant la bouche et le nez avant d'éternuer.

6 Mangez des aliments qui combattent les infections : kiwis, oranges, citrons, carottes, ...

Écrire

3 Un tuo compagno si è fatto male a un ginocchio giocando a tennis e ha anche l'influenza. Dovrà rimanere a casa almeno otto giorni. Scrivigli una e-mail per dargli dei consigli.

Sei arrivato alla fine dell'unità 15. Che cosa sai fare?

À l'oral, je sais…

Demander et dire comment tu te sens

1 **Il tuo professore di ginnastica ti trova stanco e affaticato. Non sei riuscito a fare l'esercizio. Immagina il dialogo.**

Demander et donner des conseils

2 **Hai male alle orecchie e non sei andato a scuola. Telefoni a tua madre che è al lavoro per chiederle cosa fare. Immagina il dialogo.**

À l'écrit, je sais…

Demander et donner des conseils

3 **Il tuo migliore amico ha l'influenza. Da due giorni non viene a scuola. Gli scrivi una mail per chiedergli come sta e per dirgli cosa fai tu quando stai male.**

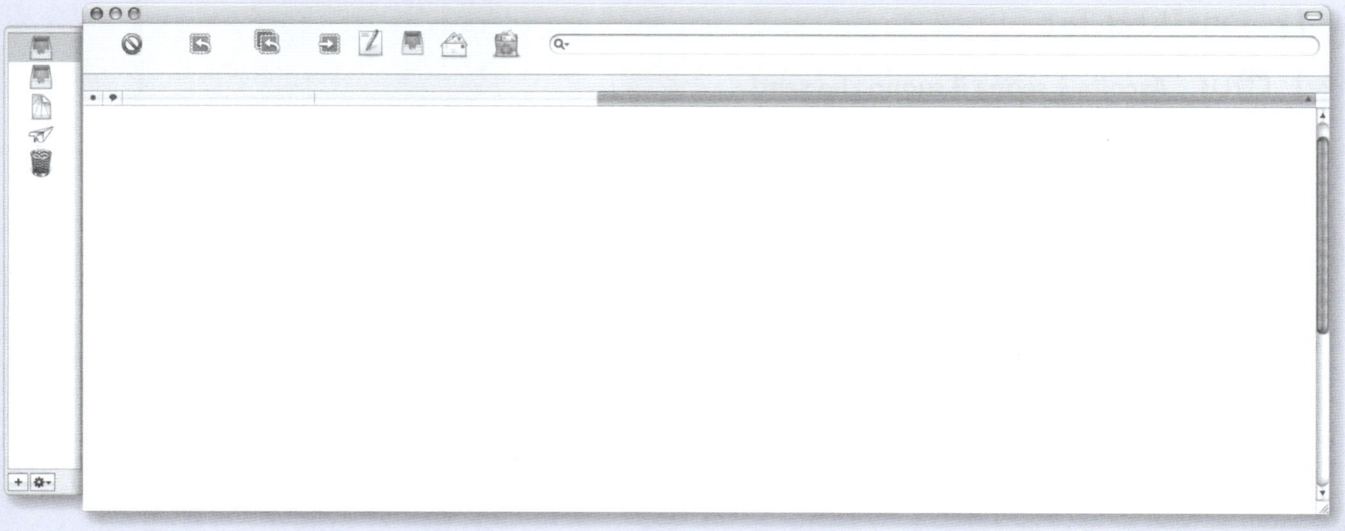

16 S.O.S. animaux

Compréhension du texte

1 1.13 **Riascolta la registrazione di pagina 52 e segna la risposta esatta.**

1 En classe, la prof a fait venir
- a ☐ un scientifique.
- b ☒ un journaliste.
- c ☐ un vétérinaire.

2 Il est possible d'aider à sauvegarder des espèces grâce aux zoos.
- a ☐ Vrai.
- b ☐ Faux.

3 Tous les jours de nouvelles espèces animales disparaissent.
- a ☐ Vrai.
- b ☐ Faux.

4 La Ménagerie du Jardin des Plantes est
- a ☐ un grand zoo.
- b ☐ un petit zoo.
- c ☐ un zoo de campagne.

5 À la Ménagerie du Jardin des Plantes
- a ☐ il y a des espèces très rares.
- b ☐ il n'y a pas d'espèces rares.
- c ☐ il y a de grands animaux.

6 La Ménagerie du Jardin des Plantes
- a ☐ ne peut pas réintroduire les espèces en voie de disparition dans leur habitat naturel.
- b ☐ tente de réintroduire les espèces en voie de disparition dans leur habitat naturel.
- c ☐ achète des espèces en voie de disparition.

2 **Leggi il testo di pagina 52 e completa il riassunto.**

Malheureusement, aujourd'hui, des (1) *animaux* disparaissent. Mais, il existe un moyen pour aider à sauvegarder les (2) ______________ en danger. À Paris, le Jardin des Plantes est un lieu qui protège 1 800 animaux. On peut y admirer des espèces très rares. Les (3) ______________ de Przewalski sont un bon exemple de la (4) ______________. Cet animal avait disparu dans la (5) ______________, mais il a été réintroduit, il y a un siècle à la Ménagerie et aujourd'hui, on peut le réintroduire dans les steppes de Mongolie. La Ménagerie protège aussi les (6) ______________, les (7) ______________, les (8) ______________, les panthères nébuleuses et les (9) ______________ qui meurent dans leurs forêts détruites. Il y a aussi des (10) ______________ des Seychelles. La Ménagerie sauvegarde des espèces menacées dans des conditions optimales et tente de réintroduire les espèces en voie de disparition dans leur habitat naturel.

Phonétique

Les sons [k] et [g]

1 1.14 **Ascolta e segna il suono che senti.**

	1	2	3	4	5	6	7	8
[k]	✗							
[g]								

2 1.15 **Ascolta e completa.**

1 Dans ce *c*afé on mange des bons bis__uits.
2 J'ai ren__ontré __atre __ amarades de __lasse.
3 Je suis __ourmand et j'ai __oûté un __ros __âteau.
4 La lan__e que j'étudie est la lan__e an__laise.
5 Nous avons acheté vingt __ilos de __afé.
6 Je vais s__ier sur le __ol à __uébec.

1 Completa il cruciverba.

1 
2 
3 
4 
5 
6 
7 
8 
9 
10 
11 
12 

2 Flora o fauna? Osserva le foto e classificale.

		FAUNE	FLORE
1		☐	☒
2		☐	☐
3		☐	☐
4		☐	☐
5		☐	☐
6		☐	☐
7		☐	☐
8		☐	☐

3 Trova le parole.

1 C'est l'arbre qui donne des pommes : *le pommier*
2 C'est l'arbre qui donne les cerises : ______________________________
3 C'est l'arbre de Noël : ______________________________
4 C'est l'arbre qui donne des citrons : ______________________________
5 C'est une petite fleur de couleur violette : ______________________________
6 C'est une fleur que l'on offre quand on est amoureux : ______________________________

16 Communication

1 Rimetti in ordine il dialogo.

a ☐ Il se trouve entre Narbonne et Perpignan dans le sud de la France.
b ☐ *1* C'est quoi la réserve de Sigean ?
c ☐ La réserve africaine de Sigean est un vaste parc animalier.
d ☐ Je suis allé à la réserve de Sigean pendant les vacances.
e ☐ Où est-ce qu'il se trouve ?
f ☐ La réserve accueille plus de 3 800 animaux.
g ☐ Parce que c'est une réserve d'animaux d'Afrique.
h ☐ Combien y a-t-il d'espèces dans cette réserve ?
i ☐ Quand est-ce que tu as été voir les animaux là-bas ?
j ☐ Pourquoi il n'y a pas de phoque dans la réserve ?

2 Completa il dialogo.

■ J'ai fait un beau voyage au Canada, j'ai vu de beaux paysages.
▪ *Quand est-ce que tu as fait ce voyage ?*
■ J'ai fait ce voyage au mois de juin.
▪ ______________________
■ Oui, j'ai vu des forêts.
▪ ______________________
■ Oui, j'ai vu des forêts de sapins.
▪ ______________________
■ Des arbres fruitiers ? Oui, j'ai vu des pommiers, c'est tout.
▪ ______________________
■ Non, il n'y a pas de cerisiers dans la région où j'étais.
▪ ______________________
■ Il n'y a pas beaucoup d'espèces de fleurs : j'ai vu des roses et des violettes.

3 Osserva le foto, fai delle domande per informarti e rispondi.

1

■ *Pourquoi il n'y a pas de fleurs ici ?*
▪ *Parce que c'est un désert.*

2

■ ______________________
▪ J'ai vu des cerisiers au Japon !

3

■ ______________________
▪ Oui, j'ai vu des singes au zoo !

4

■ ______________________
▪ Le tigre est une espèce menacée.

4 Guarda l'annuncio, scrivi un breve testo per esprimere la tua sorpresa.

C'est, Ce sont
Il / Elle est – Ils / Elles sont

1 Completa con *c'est, ce sont* o *il / elle est, ils / elles sont*.

1

C'est un écrivain.

2

__________ italienne.

3

__________ mon vélo.

4

__________ des gâteaux.

5

__________ gourmandes.

6

__________ Pierre.

La place des adjectifs

2 Completa le frasi mettendo l'aggettivo al posto giusto.

1 __________ Samedi *prochain* nous irons faire du ski. (*prochain*)
2 Voici mon __________ manuel __________ . (*nouveau*)
3 Sandra est une __________ fille __________ . (*belge*)
4 Serge est un __________ ingénieur __________ . (*jeune*)
5 Maria est une __________ fille __________ . (*grande*)
6 Ce soir j'ai lu un __________ livre __________ . (*beau*)

Les pronoms possessifs

3 Completa con i pronomi possessivi.

1 Ton sac à dos est léger. *Le mien* aussi. (*mon*)
2 Mes copines vont à la piscine. ______ aussi. (*leurs*)
3 Vous avez mangé notre glace. ______ aussi. (*notre*)
4 Sa voiture est française. __________ aussi. (*ta*)
5 Nos vélos sont dans la cour. __________ aussi. (*son*)
6 Mon pull et mon sac sont neufs. __________ aussi. (*vos*)

4 Rispondi alle domande usando i pronomi possessivi.

1 À qui est cette trousse ? À Victoria.
C'est la sienne.
2 À qui sont ces crayons ? À nous.
____
3 À qui est cette chaise ? À vous.
____
4 À qui est ce bureau ? À moi.
____
5 À qui sont ces cahiers ? À toi.
____
6 À qui sont ces manuels ? À lui.
____

Le verbe *croire*

5 1.16 Ascolta e scrivi i verbi.

1 *Nous croyons*
2 __________
3 __________
4 __________
5 __________
6 __________

Je maîtrise

6 Traduci le frasi.

1 « Chi sono i ragazzi nel giardino? »
« Sono i miei compagni. »
« Qui sont les jeunes dans le jardin ? »
« Ce sont mes copains. »
2 Oggi ho incontrato un uomo famoso.
____
3 Ecco la mia casa e, di fronte, c'è la tua.
____
4 Marco ha parlato delle sue ultime vacanze.
____
5 Mia madre canta delle belle canzoni. Anche la tua. __________________________
____
6 « Ecco la macchina di tuo padre. »
« No, non è la sua. »
____
____

16 Vers le DELF

Écouter

1 1.17 **Ascolta la registrazione e rispondi alle domande.**

1 Il s'agit de la publicité
- a ☐ d'une Ménagerie.
- b ☐ d'un parc animalier.
- c ☐ d'un jardin public.

2 Il s'agit du plus vieux zoo de
- a ☐ France.
- b ☐ l'Île-de-France.
- c ☐ Paris.

3 Les adultes
- a ☐ peuvent y aller.
- b ☐ ne peuvent pas y aller.
- c ☐ peuvent y aller avec leurs enfants.

4 Il s'étend sur
- a ☐ 35 000 m^2 de verdure.
- b ☐ 55 000 m^2 de verdure.
- c ☐ 15 000 m^2 de verdure.

5 Coche les photos des familles d'animaux qu'on peut y trouver.

☐ 
amphibiens

☐ 
mammifères

☐ 
reptiles

☐ 
poissons

☐ 
oiseaux

☐ 
invertébrés

Lire

2 Leggi il testo e rispondi alle domande.

La Ménagerie du Jardin des Plantes

La Ménagerie du Jardin des Plantes a une longue histoire qui commence en 1794. Au fil de la visite, on y rencontre 240 mammifères : orangs-outans, panthères des neiges, petits pandas... 390 oiseaux ; 210 tortues, crocodiles, lézards et serpents ; 140 amphibiens ; 900 insectes, crustacés et araignées. Ces animaux sont hébergés dans de petites cabanes construites en 1802 par l'architecte Molinos. D'autres espèces sont visibles dans la grande volière, unique au monde, construite en 1888.

1 La Ménagerie du Jardin des Plantes a été créée
- a ☐ en 1794.
- b ☐ en 1802.
- c ☐ en 1888.

2 Les cabanes ont été créées
- a ☐ en 1794.
- b ☐ en 1802.
- c ☐ en 1888.

3 La volière est unique
- a ☐ en France.
- b ☐ en Europe.
- c ☐ au Monde.

4 Elle a été construite
- a ☐ en 1794.
- b ☐ en 1802.
- c ☐ en 1888.

Écrire

3 Un compagno ti ha invitato a trascorrere una giornata alla Ménagerie du Jardin des Plantes. Scrivigli una e-mail per accettare l'invito. Chiedigli maggiori informazioni sul programma, l'orario, il luogo dell'incontro e le attività.

Sei arrivato alla fine dell'unità 16. Che cosa sai fare?

À l'oral, je sais…

S'informer sur quelque chose

1 **Tuo fratello è andato con il suo professore di Scienze a visitare un'area naturale protetta che si trova nella vostra regione. Sei incuriosito e al ritorno a casa gli fai delle domande.**

Exprimer la surprise et l'ignorance

2 **Incontri una tua amica per strada. Vi salutate e lei ti mostra il suo coniglio da compagnia. Le fai delle domande.**

À l'écrit, je sais…

Exprimer la surprise et l'ignorance

3 **Hai letto un articolo sull'estinzione delle api. Sei stupito e scrivi una e-mail a un tuo compagno per esprimere la tua sorpresa.**

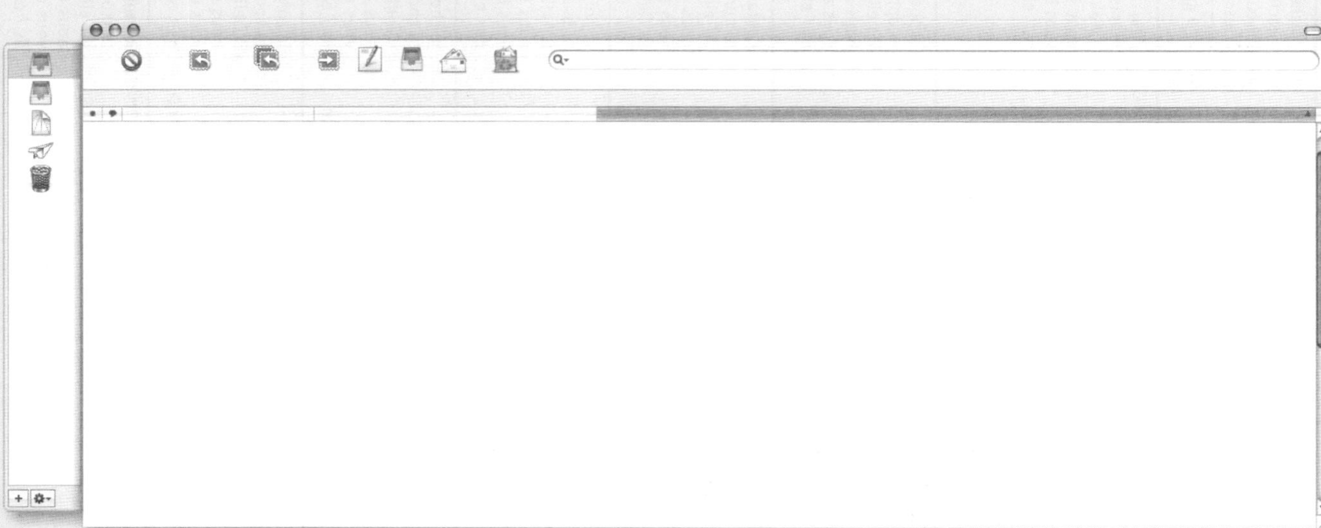

Tableau des conjugaisons

INFINITIF	INDICATIF PRÉSENT	INDICATIF FUTUR	INDICATIF IMPARFAIT	CONDITIONNEL	IMPÉRATIF	INDICATIF PASSÉ COMPOSÉ	PARTICIPE PASSÉ
ACHETER	j'achète tu achètes il / elle / on achète nous achetons vous achetez ils / elles achètent	j' achèterai tu achèteras il / elle / on achètera nous achèterons vous achèterez ils / elles achèteront	j' achetais tu achetais il / elle / on achetait nous achetions vous achetiez ils /elles achetaient	j' achèterais tu achèterais il /elle / on achèterait nous achèterions vous achèteriez ils / elles achèteraient	Achète ! Achetons ! Achetez !	j'ai acheté tu as acheté il / elle / on a acheté nous avons acheté vous avez acheté ils / elles ont acheté	acheté
ALLER	je vais tu vas il / elle / on va nous allons vous allez ils / elles vont	j'irai tu iras il / elle / on ira nous irons vous irez ils / elles iront	j'allais tu allais il / elle / on allait nous allions vous alliez ils / elles allaient	j'irais tu irais il / elle / on irait nous irions vous iriez ils / elles iraient	Va ! Allons ! Allez !	je suis allé(e) tu es allé(e) il est allé elle est allée on est allé(s) nous sommes allé(e)s vous êtes allé(e)(s) ils sont allés elles sont allées	allé
APPELER	j'appelle tu appelles il / elle / on appelle nous appelons vous appelez ils / elles appellent	j'appellerai tu appelleras il / elle / on appellera nous appellerons vous appellerez ils / elles appelleront	j'appelais tu appelais il / elle / on appelait nous appelions vous appeliez ils / elles appelaient	j'appellerais tu appellerais il / elle / on appellerait nous appellerions vous appelleriez ils / elles appelleraient	Appelle ! Appelons ! Appelez !	j'ai appelé tu as appelé il / elle / on a appelé nous avons appelé vous avez appelé ils / elles ont appelé	appelé
AVOIR	j'ai tu as il / elle / on a nous avons vous avez ils / elles ont	j'aurai tu auras il / elle / on aura nous aurons vous aurez ils / elles auront	j'avais tu avais il / elle / on avait nous avions vous aviez ils / elles avaient	j'aurais tu aurais il / elle / on aurait nous aurions vous auriez ils / elles auraient	Aie ! Ayons ! Ayez !	j'ai eu tu as eu il / elle / on a eu nous avons eu vous avez eu ils / elles ont eu	eu
BOIRE	je bois tu bois il / elle / on boit nous buvons vous buvez ils / elles boivent	je boirai tu boiras il / elle / on boira nous boirons vous boirez ils / elles boiront	je buvais tu buvais il / elle / on buvait nous buvions vous buviez ils / elles buvaient	je boirais tu boirais il / elle / on boirait nous boirions vous boiriez ils / elles boiraient	Bois ! Buvons ! Buvez !	j'ai bu tu as bu il / elle/on a bu nous avons bu vous avez bu ils / elles ont bu	bu
CHOISIR Si coniugano come *choisir* tutti i verbi regolari di seconda coniugazione.	je choisis tu choisis il / elle / on choisit nous choisissons vous choisissez ils / elles choisissent	je choisirai tu choisiras il / elle / on choisira nous choisirons vous choisirez ils / elles choisiront	je choisissais tu choisissais il / elle / on choisissait nous choisissions vous choisissiez ils / elles choisissaient	je choisirais tu choisirais il / elle / on choisirait nous choisirions vous choisiriez ils / elles choisiraient	Choisis ! Choisissons ! Choisissez !	j'ai choisi tu as choisi il / elle / on a choisi nous avons choisi vous avez choisi ils / elles ont choisi	choisi
CONNAÎTRE Si coniugano come *connaître* i verbi *apparaître*, *disparaître*, *paraître*.	je connais tu connais il / elle / on connaît nous connaissons vous connaissez ils / elles connaissent	je connaîtrai tu connaîtras il / elle / on connaîtra nous connaîtrons vous connaîtrez ils / elles connaîtront	je connaissais tu connaissais il / elle / on connaissait nous connaissions vous connaissiez ils / elles connaissaient	je connaîtrais tu connaîtrais il / elle / on connaîtrait nous connaîtrions vous connaîtriez ils / elles connaîtraient	Connais ! Connaissons ! Connaissez !	j'ai connu tu as connu il / elle / on a connu nous avons connu vous avez connu ils / elles ont connu	connu
CROIRE	je crois tu crois il / elle / on croit nous croyons vous croyez ils / elles croient	je croirai tu croiras il / elle / on croira nous croirons vous croirez ils / elles croiront	je croyais tu croyais il / elle / on croyait nous croyions vous croyiez ils / elles croyaient	je croirais tu croirais il / elle / on croirait nous croirions vous croiriez ils / elles croiraient	Crois ! Croyons ! Croyez !	j'ai cru tu as cru il / elle / on a cru nous avons cru vous avez cru ils / elles ont cru	cru

INFINITIF	INDICATIF PRÉSENT	INDICATIF FUTUR	INDICATIF IMPARFAIT	CONDITIONNEL	IMPÉRATIF	INDICATIF PASSÉ COMPOSÉ	PARTICIPE PASSÉ
DEVOIR	je dois tu dois il / elle / on doit nous devons vous devez ils / elles doivent	je devrai tu devras il / elle / on devra nous devrons vous devrez ils / elles devront	je devais tu devais il / elle / on devait nous devions vous deviez ils / elles devaient	je devrais tu devrais il / elle / on devrait nous devrions vous devriez ils / elles devraient		j'ai dû tu as dû il / elle / on a dû nous avons dû vous avez dû ils / elles ont dû	dû
DIRE	je dis tu dis il / elle / on dit nous disons vous dites ils / elles disent	je dirai tu diras il / elle / on dira nous dirons vous direz ils / elles diront	je disais tu disais il / elle / on disait nous disions vous disiez ils / elles disaient	je dirai tu dirais il / elle / on dirait nous dirions vous diriez ils / elles diraient	Dis ! Disons ! Dites !	j'ai dit tu as dit il / elle / on a dit nous avons dit vous avez dit ils / elles ont dit	dit
ÉCRIRE	j'écris tu écris il / elle / on écrit nous écrivons vous écrivez ils / elles écrivent	j'écrirai tu écriras il / elle / on écrira nous écrirons vous écrirez ils / elles écriront	j'écrivais tu écrivais il / elle / on écrivait nous écrivions vous écriviez ils / elles écrivaient	j'écrirais tu écrirais il / elle / on écrirait nous écririons vous écririez ils / elles écriraient	Écris ! Écrivons ! Écrivez !	j'ai écrit tu as écrit il / elle / on a écrit nous avons écrit vous avez écrit ils / elles ont écrit	écrit
ENTENDRE Si coniugano come *entendre* i verbi *rendre, attendre, descendre, perdre, répondre, vendre.*	j'entends tu entends il / elle / on entend nous entendons vous entendez ils / elles entendent	j'entendrai tu entendras il / elle / on entendra nous entendrons vous entendrez ils / elles entendront	j'entendais tu entendais il / elle / on entendait nous entendions vous entendiez ils / elles entendaient	j'entendrais tu entendrais il / elle / on entendrait nous entendrions vous entendriez ils / elles entendraient	Entends ! Entendons ! Entendez !	j'ai entendu tu as entendu il / elle / on a entendu nous avons entendu vous avez entendu ils / elles ont entendu	entendu
ÉTEINDRE Si coniuga come *éteindre* il verbo *peindre.*	j'éteins tu éteins il / elle / on éteint nous éteignons vous éteignez ils / elles éteignent	j'éteindrai tu éteindras il / elle / on éteindra nous éteindrons vous éteindrez ils / elles éteindront	j'éteignais tu éteignais il / elle / on éteignait nous éteignions vous éteigniez ils / elles éteignaient	j'éteindrais tu éteindrais il / elle / on éteindrait nous éteindrions vous éteindriez ils / elles éteindraient	Éteins ! Éteignons ! Éteignez !	j'ai éteint tu as éteint il / elle / on a éteint nous avons éteint vous avez éteint ils / elles ont éteint	éteint
ÊTRE	je suis tu es il / elle / on est nous sommes vous êtes ils / elles sont	je serai tu seras il / elle / on sera nous serons vous serez ils / elles seront	j'étais tu étais il / elle / on était nous étions vous étiez ils / elles étaient	je serais tu serais il / elle / on serait nous serions vous seriez ils / elles seraient	Sois ! Soyons ! Soyez !	j'ai été tu as été il / elle / on a été nous avons été vous avez été ils / elles ont été	été
FAIRE	je fais tu fais il / elle / on fait nous faisons vous faites ils / elles font	je ferai tu feras il / elle / on fera nous ferons vous ferez ils / elles feront	je faisais tu faisais il / elle / on faisait nous faisions vous faisiez ils / elles faisaient	je ferais tu ferais il / elle / on ferait nous ferions vous feriez ils / elles feraient	Fais ! Faisons ! Faites !	j'ai fait tu as fait il / elle / on a fait nous avons fait vous avez fait ils / elles ont fait	fait
FALLOIR	il faut	il faudra	il fallait	il faudrait		il a fallu	fallu
FUIR	je fuis tu fuis il / elle / on fuit nous fuyons vous fuyez ils / elles fuient	je fuirai tu fuiras il / elle / on fuira nous fuirons vous fuirez ils / elles fuiront	je fuyais tu fuyais il / elle / on fuyait nous fuyions vous fuyiez ils / elles fuyaient	je fuirais tu fuirais il / elle / on fuirait nous fuirions vous fuiriez ils / elles fuiraient	Fuis ! Fuyons ! Fuyez !	j'ai fui tu as fui il / elle / on a fui nous avons fui vous avez fui ils / elles ont fui	fui
INTERDIRE	j'interdis tu interdis il / elle / interdit nous interdisons vous interdisez ils / elles interdisent	j'interdirai tu interdiras il / elle / on interdira nous interdirons vous interdirez ils / elles interdiront	j'interdisais tu interdisais il / elle / on interdisait nous interdisions vous interdisiez ils / elles interdisaient	j'interdirais tu interdirais il / elle / on interdirait nous interdirions vous interdiriez ils / elles interdiraient	Interdis ! Interdisons ! Interdisez !	j'ai interdit tu as interdit il / elle / on a interdit nous avons interdit vous avez interdit ils / elles ont interdit	interdit

Tableau des conjugaisons

INFINITIF	INDICATIF PRÉSENT	INDICATIF FUTUR	INDICATIF IMPARFAIT	CONDITIONNEL	IMPÉRATIF	INDICATIF PASSÉ COMPOSÉ	PARTICIPE PASSÉ
LIRE	je lis tu lis il / elle / on lit nous lisons vous lisez ils / elles lisent	je lirai tu liras il / elle / on lira nous lirons vous lirez ils / elles liront	je lisais tu lisais il / elle / on lisait nous lisions vous lisiez ils / elles lisaient	je lirais tu lirais il / elle / on lirait nous lirions vous liriez ils / elles liraient	Lis ! Lisons ! Lisez !	j'ai lu tu as lu il / elle / on a lu nous avons lu vous avez lu ils / elles ont lu	lu
MANGER Si coniugano come *manger* tutti i verbi in *-ger*.	je mange tu manges il / elle / on mange nous mangeons vous mangez ils / elles mangent	je mangerai tu mangeras il / elle / on mangera nous mangerons vous mangerez ils / elles mangeront	je mangeais tu mangeais il / elle / on mangeait nous mangions vous mangiez ils / elles mangeaient	je mangerais tu mangerais il / elle / on mangerait nous mangerions vous mangeriez ils / elles mangeraient	Mange ! Mangeons ! Mangez !	j'ai mangé tu as mangé il / elle / on a mangé nous avons mangé vous avez mangé ils / elles ont mangé	mangé
MENTIR	je mens tu mens il / elle / on ment nous mentons vous mentez ils / elles mentent	je mentirai tu mentiras il / elle / on mentira nous mentirons vous mentirez ils / elles mentiront	je mentais tu mentais il / elle / on mentait nous mentions vous mentiez ils / elles mentaient	je mentirais tu mentirais il / elle / on mentirait nous mentirions vous mentiriez ils / elles mentiraient	Mens ! Mentons ! Mentez !	j'ai menti tu as menti il / elle / on a menti nous avons menti vous avez menti ils / elles ont menti	menti
METTRE Si coniugano come *mettre* i verbi: *commettre, permettre, remettre, soumettre* ecc.	je mets tu mets il / elle / on met nous mettons vous mettez ils / elles mettent	je mettrai tu mettras il / elle / on mettra nous mettrons vous mettrez ils / elles mettront	je mettais tu mettais il / elle / on mettait nous mettions vous mettiez ils / elles mettaient	je mettrais tu mettrais il / elle / on mettrait nous mettrions vous mettriez ils / elles mettraient	Mets ! Mettons ! Mettez !	j'ai mis tu as mis il / elle / on a mis nous avons mis vous avez mis ils / elles ont mis	mis
NEIGER	il neige	il neigera	il neigeait	il neigerait		il a neigé	neigé
OUVRIR Si coniugano come *ouvrir* i verbi: *couvrir, découvrir, offrir* e *souffrir*.	j'ouvre tu ouvres il / elle / on ouvre nous ouvrons vous ouvrez ils / elles ouvrent	j'ouvrirai tu ouvriras il / elle / on ouvrira nous ouvrirons vous ouvrirez ils / elles ouvriront	j'ouvrais tu ouvrais il / elle / on ouvrait nous ouvrions vous ouvriez ils / elles ouvraient	j'ouvrirais tu ouvrirais il / elle / on ouvrirait nous ouvririons vous ouvririez ils / elles ouvriraient	Ouvre ! Ouvrons ! Ouvrez !	j'ai ouvert tu as ouvert il / elle / on a ouvert nous avons ouvert vous avez ouvert ils / elles ont ouvert	ouvert
PARLER Si coniugano come *parler* tutti i verbi regolari di prima coniugazione.	je parle tu parles il / elle / on parle nous parlons vous parlez ils / elles parlent	je parlerai tu parleras il / elle / on parlera nous parlerons vous parlerez ils / elles parleront	je parlais tu parlais il / elle / on parlait nous parlions vous parliez ils / elles parlaient	je parlerais tu parlerais il / elle / on parlerait nous parlerions vous parleriez ils / elles parleraient	Parle ! Parlons ! Parlez !	j'ai parlé tu as parlé il / elle / on a parlé nous avons parlé vous avez parlé ils / elles ont parlé	parlé
PARTIR	je pars tu pars il / elle / on part nous partons vous partez ils / elles partent	je partirai tu partiras il / elle / on partira nous partirons vous partirez ils / elles partiront	je partais tu partais il / elle / on partait nous partions vous partiez ils / elles partaient	je partirais tu partirais il / elle / on partirait nous partirions vous partiriez ils / elles partiraient	Pars ! Partons ! Partez !	je suis parti(e) tu es parti(e) il est parti elle est partie on est parti(s) nous sommes parti(e)s vous êtes parti(e)s ils sont partis elles sont parties	parti
PAYER Si coniugano come *payer* tutti i verbi in *-ayer*.	je paye / paie tu payes / paies il / elle / on paye / paie nous payons vous payez ils / elles payent / paient	je payerai / paierai tu payeras / paieras il / elle / on payera / paiera nous payerons / paierons vous payerez / paierez ils / elles payeront / paieront	je payais tu payais il / elle / on payait nous payions vous payiez ils / elles payaient	je payerais / paierais tu payerais / paierais il / elle / on payerait / paierait nous payerions / paierions vous payeriez / paieriez ils / elles payeraient / paieraient	Paye / Paie ! Payons ! Payez !	j'ai payé tu as payé il / elle / on a payé nous avons payé vous avez payé ils / elles ont payé	payé

INFINITIF	INDICATIF PRÉSENT	INDICATIF FUTUR	INDICATIF IMPARFAIT	CONDITIONNEL	IMPÉRATIF	INDICATIF PASSÉ COMPOSÉ	PARTICIPE PASSÉ
PLAIRE	je plais tu plais il / elle / on plaît nous plaisons vous plaisez ils / elles plaisent	je plairai tu plairas il / elle / on plaira nous plairons vous plairez ils / elles plairont	je plaisais tu plaisais il / elle / on plaisait nous plaisions vous plaisiez ils / elles plaisaient	je plairais tu plairais il / elle / on plairait nous plairions vous plairiez ils / elles plairaient	Plais ! Plaisons ! Plaisez !	j'ai plu tu as plu il / elle / on a plu nous avons plu vous avez plu ils / elles ont plu	plu
PLEUVOIR	il pleut	il pleuvra	il pleuvait	il pleuvrait		il a plu	plu
POUVOIR	je peux tu peux il / elle / on peut nous pouvons vous pouvez ils / elles peuvent	je pourrai tu pourras il / elle / on pourra nous pourrons vous pourrez ils / elles pourront	je pouvais tu pouvais il / elle / on pouvait nous pouvions vous pouviez ils / elles pouvaient	je pourrais tu pourrais il / elle / on pourrait nous pourrions vous pourriez ils / elles pourraient		j'ai pu tu as pu il / elle / on a pu nous avons pu vous avez pu ils / elles ont pu	pu
PRÉFÉRER Si coniuga come *préférer* il verbo *espérer.*	je préfère tu préfères il / elle / on préfère nous préférons vous préférez ils / elles préfèrent	je préférerai tu préféreras il / elle / on préférera nous préférerons vous préférerez ils / elles préféreront	je préférais tu préférais il / elle / on préférait nous préférions vous préfériez ils / elles préféraient	je préférerais tu préférerais il / elle / on préférerait nous préférerions vous préféreriez ils / elles préféreraient	Préfère ! Préférons ! Préférez !	j'ai préféré tu as préféré il / elle / on a préféré nous avons préféré vous avez préféré ils / elles ont préféré	préféré
PRENDRE Si coniugano come *prendre* i verbi: *apprendre, comprendre* e *surprendre.*	je prends tu prends il / elle / on prend nous prenons vous prenez ils / elles prennent	je prendrai tu prendras il / elle / on prendra nous prendrons vous prendrez ils / elles prendront	je prenais tu prenais il / elle / on prenait nous prenions vous preniez ils / elles prenaient	je prendrais tu prendrais il / elle / on prendrait nous prendrions vous prendriez ils / elles prendraient	Prends ! Prenons ! Prenez !	j'ai pris tu as pris il / elle / on a pris nous avons pris vous avez pris ils / elles ont pris	pris
RECEVOIR Si coniugano come *recevoir* i verbi come *apercevoir, concevoir...*	je reçois tu reçois il / elle / on reçoit nous recevons vous recevez ils / elles reçoivent	je recevrai tu recevras il / elle / on recevra nous recevrons vous recevrez ils / elles recevront	je recevais tu recevais il / elle / on recevait nous recevions vous receviez ils / elles recevaient	je recevrais tu recevrais il / elle / on recevrait nous recevrions vous recevriez ils / elles recevraient	Reçois ! Recevons ! Recevez !	j'ai reçu tu as reçu il / elle / on a reçu nous avons reçu vous avez reçu ils / elles ont reçu	reçu
S'ASSEOIR	je m'assieds tu t'assieds il / elle / on s'assied nous nous asseyons vous vous asseyez ils / elles s'asseyent	je m'assiérai tu t' assiéras il / elle / on s'assiéra nous nous assiérons vous vous assiérez ils / elles s'assiéront	je m'asseyais tu t'asseyais il / elle / on s'asseyait nous nous asseyions vous vous asseyiez ils / elles s'asseyaient	je m'assiérais tu t'assiérais il / elle / on s'assiérait nous nous assiérions vous vous assiériez ils / elles s'assiéraient	Assieds-toi ! Asseyons-nous ! Asseyez-vous !	je me suis assis(e) tu t'es assis(e) il / elle / on s'est assis(e)(s) nous nous sommes assis(es) vous vous êtes assis(es) ils / elles se sont assis(es)	assis
SAVOIR	je sais tu sais il / elle / on sait nous savons vous savez ils / elles savent	je saurai tu sauras il / elle / on saura nous saurons vous saurez ils / elles sauront	je savais tu savais il / elle / on savait nous savions vous saviez ils / elles savaient	je saurais tu saurais il / elle / on saurait nous saurions vous sauriez ils / elles sauraient	Sache ! Sachons ! Sachez !	j'ai su tu as su il / elle / on a su nous avons su vous avez su ils / elles ont su	su
SE COUCHER Si coniugano come *se coucher* tutti i verbi pronominali.	je me couche tu te couches il / elle / on se couche nous nous couchons vous vous couchez ils / elles se couchent	je me coucherai tu te coucheras il / elle / on se couchera nous nous coucherons vous vous coucherez ils / elles se coucheront	je me couchais tu te couchais il / elle / on se couchait nous nous couchions vous vous couchiez ils / elles se couchaient	je me coucherais tu te coucherais il / elle / on se coucherait nous nous coucherions vous vous coucheriez ils / elles se coucheraient	Couche-toi ! Couchons-nous ! Couchez-vous !	je me suis couché(e) tu t'es couché(e) il s'est couché elle s'est couchée on s'est couché(s) nous nous sommes couché(e)s vous vous êtes couché(e)s ils se sont couchés elles se sont couchées	couché

Tableau des conjugaisons

INFINITIF	INDICATIF PRÉSENT	INDICATIF FUTUR	INDICATIF IMPARFAIT	CONDITIONNEL	IMPÉRATIF	INDICATIF PASSÉ COMPOSÉ	PARTICIPE PASSÉ
SE LEVER Si coniuga come *se lever* il verbo *se promener.*	je me lève tu te lèves il / elle / on se lève nous nous levons vous vous levez ils / elles se lèvent	je me lèverai tu te lèveras il / elle / on se lèvera nous nous lèverons vous vous lèverez ils / elles se lèveront	je me levais tu te levais il / elle / on se levait nous nous levions vous vous leviez ils / elles se levaient	je me lèverais tu te lèverais il / elle / on se lèverait nous nous lèverions vous vous lèveriez ils / elles se lèveraient	Lève-toi ! Levons-nous ! Levez-vous !	je me suis levé(e) tu t'es levé(e) il s'est levé elle s'est levée on s'est levé(s) nous nous sommes levé(e)s vous vous êtes levé(e)s ils se sont levés elles se sont levées	levé
SENTIR	je sens tu sens il / elle / on sent nous sentons vous sentez ils / elles sentent	je sentirai tu sentiras il / elle / on sentira nous sentirons vous sentirez ils / elles sentiront	je sentais tu sentais il / elle / on sentait nous sentions vous sentiez ils / elles sentaient	je sentirais tu sentirais il / elle / on sentirait nous sentirions vous sentiriez ils / elles sentiraient	Sens ! Sentons ! Sentez !	j'ai senti tu as senti il / elle / on a senti nous avons senti vous avez senti ils / elles ont senti	senti
SERVIR	je sers tu sers il / elle / on sert nous servons vous servez ils / elles servent	je servirai tu serviras il / elle / on servira nous servirons vous servirez ils / elles serviront	je servais tu servais il / elle / on servait nous servions vous serviez ils / elles servaient	je servirais tu servirais il / elle / on servirait nous servirions vous serviriez ils / elles serviraient	Sers ! Servons ! Servez !	j'ai servi tu as servi il / elle / on a servi nous avons servi vous avez servi ils / elles ont servi	servi
SORTIR Si coniuga come *sortir* il verbo *dormir.*	je sors tu sors il / elle / on sort nous sortons vous sortez ils / elles sortent	je sortirai tu sortiras il / elle / on sortira nous sortirons vous sortirez ils / elles sortiront	je sortais tu sortais il / elle / on sortait nous sortions vous sortiez ils / elles sortaient	je sortirais tu sortirais il / elle / on sortirait nous sortirions vous sortiriez ils / elles sortiraient	Sors ! Sortons ! Sortez !	je suis sorti(e) tu es sorti(e) il est sorti elle est sortie on est sorti(s) nous sommes sorti(e)s vous êtes sorti(e)s ils sont sortis elles sont sorties	sorti
TRADUIRE	je traduis tu traduis il / elle / on traduit nous traduisons vous traduisez ils / elles traduisent	je traduirai tu traduiras il / elle / on traduira nous traduirons vous traduirez ils / elles traduiront	je traduisais tu traduisais il / elle / on traduisait nous traduisions vous traduisiez ils / elles traduisaient	je traduirais tu traduirais il / elle / on traduirait nous traduirions vous traduiriez ils / elles traduiraient	Traduis ! Traduisons ! Traduisez !	j'ai traduit tu as traduit il / elle / on a traduit nous avons traduit vous avez traduit ils / elles ont traduit	traduit
VENIR Si coniuga come *venir* il verbo *revenir* e il verbo *tenir.*	je viens tu viens il / elle / on vient nous venons vous venez ils / elles viennent	je viendrai tu viendras il / elle / on viendra nous viendrons vous viendrez ils / elles viendront	je venais tu venais il / elle / on venait nous venions vous veniez ils / elles venaient	je viendrais tu viendrais il / elle / on viendrait nous viendrions vous viendriez ils / elles viendraient	Viens ! Venons ! Venez !	je suis venu(e) tu es venu(e) il est venu elle est venue on est venu(s) nous sommes venu(e)s vous êtes venu(e)s ils sont venus elles sont venues	venu
VOIR	je vois tu vois il / elle / on voit nous voyons vous voyez ils / elles voient	je verrai tu verras il / elle / on verra nous verrons vous verrez ils / elles verront	je voyais tu voyais il / elle / on voyait nous voyions vous voyiez ils / elles voyaient	je verrais tu verrais il / elle / on verrait nous verrions vous verriez ils / elles verraient	Vois ! Voyons ! Voyez !	j'ai vu tu as vu il / elle / on a vu nous avons vu vous avez vu ils / elles ont vu	vu
VOULOIR	je veux tu veux il / elle / on veut nous voulons vous voulez ils / elles veulent	je voudrai tu voudras il / elle / on voudra nous voudrons vous voudrez ils / elles voudront	je voulais tu voulais il / elle / on voulait nous voulions vous vouliez ils / elles voulaient	je voudrais tu voudrais il / elle / on voudrait nous voudrions vous voudriez ils / elles voudraient		j'ai voulu tu as voulu il / elle / on a voulu nous avons voulu vous avez voulu ils / elles ont voulu	voulu

Anna Maria Crimi Domitille Hatuel

ESPRIT PLUS

Méthode de **français**

MON EXAMEN

B

La fête de Noël

Aujourd'hui c'est Noël. Cette fête était à l'origine une fête de la religion chrétienne, instaurée pour célébrer la naissance de l'enfant Jésus. Elle est devenue également une fête de l'enfance, des retrouvailles en famille et de l'échange des cadeaux autour du fameux sapin.

Noël est un moment qu'on attend avec impatience. Chaque famille a ses habitudes, ses traditions. Dans certaines familles, on ouvre les cadeaux le 24 au soir, dans d'autres c'est le 25 au matin, mais partout on dépose sa chaussure au pied du sapin, en espérant que le Père Noël la recouvre de cadeaux.

La tradition du sapin de Noël remonte au XVIe siècle, dans l'est de la France et en Allemagne. Mais elle s'installe en France au XIXe siècle avec l'épouse du Duc d'Orléans, qui fait mettre un sapin aux Tuileries, en 1837.

À l'origine, sur les sapins de Noël on mettait des décorations comestibles comme des friandises et des pommes rouges. On y plaçait 12 bougies pour représenter les 12 mois de l'année et on y accrochait des petits cadeaux pour les enfants.

L'étoile placée en son sommet symbolise l'étoile qu'ont suivie les Rois mages pour atteindre l'étable où venait de naître Jésus. L'échange de cadeaux au moment de Noël est aussi une référence aux cadeaux que ces rois apportèrent pour fêter la naissance de l'enfant Jésus. Puis, les pommes du sapin de Noël se sont « transformées » en boules, les bougies en guirlandes électriques, et les petits cadeaux, devenus trop nombreux et trop lourds depuis la seconde moitié du XXe siècle, sont « tombés » dans les chaussures !

D'après *www.1jour1actu.fr*

DICO

retrouvailles en famille : *ritrovarsi in famiglia*
remonte : *risale*
épouse : *sposa*
comestibles : *commestibili*
friandises : *leccornie*
on y accrochait : *si appendevano*
sommet : *cima*
atteindre : *raggiungere*

1 Compréhension écrite **Répondez aux questions.**

1 Quel est le sujet de l'article ? *Le sujet de l'article est l'origine de la fête de Noël.*
2 Que font les familles à l'occasion de cette fête ? ______
3 Que dépose-t-on en France au pied du sapin ? ______
4 À quel siècle remonte la tradition du sapin ? ______
5 Comment la tradition du sapin est-elle arrivée en France ? ______
6 Auparavant quelles décorations trouvait-on sur le sapin ? ______
7 Quelles décorations trouve-t-on aujourd'hui sur le sapin ? ______
8 Où étaient placés les cadeaux autrefois et où sont-ils placés aujourd'hui ? ______

2 **Retrouvez l'ordre logique de ce texte.**

A ☐ Mais nous ne mettons pas de chaussures au pied de l'arbre.
B ☐ Notre gâteau traditionnel de ce jour de fête est le « panettone ».
C ☐ Nous assistons à la Messe de minuit.
D [1] En Italie, nous aussi nous décorons le sapin avec des guirlandes électriques, des boules et des sujets de Noël.
E ☐ Dans certaines maisons, en plus du sapin on fait une crèche qui est la représentation de l'étable de Bethléem.

3 Production écrite **Vous écrivez un mail à un ami pour l'inviter à venir passer Noël chez vous.**

______
______
______

4 Rédiger un dialogue **Rédigez un dialogue selon ce canevas.**

Ludovic

Incontra Béatrice e la saluta.

Risponde che deve comprare i regali di natale per sua sorella e sua nonna.

Risponde che comprerà una sciarpa.

Dice che ha visto numerosi ombrelli belli che costano poco in un negozio in centro.

Dice che si trova nella strada di fronte alla stazione dei treni.

Accetta e saluta.

Béatrice

Saluta Ludovic e gli chiede cosa fa in questo centro commerciale.

Dice che anche lei deve finire gli acquisti ma le mancano le idee. Chiede a Ludovic cosa compra a sua nonna.

Dice che ne ha comprata una l'anno scorso.

Ringrazia dell'idea e chiede dove si trova il negozio.

Dice che ci andrà e chiede se vuole venire con lei domani pomeriggio.

Saluta.

Pourquoi fête-t-on les amoureux ?

Si tu as un amoureux ou une amoureuse, il y a un jour idéal pour lui déclarer ta flamme. Tu recevras peut-être toi aussi un mot doux, une fleur ou un poème en cadeau ! Mais au fait, pourquoi fête-t-on les amoureux le 14 février ?

Valentin était un moine, il vivait à Rome. Il s'appelait Valentin de Terni. Il vivait au IIIe siècle, il y a près de 1 700 ans ! À cette époque, l'Empire romain était dirigé par l'empereur Claude II. Celui-ci avait besoin de beaucoup d'hommes pour combattre les peuples ennemis. Il décide alors d'interdire le mariage pour éviter que les hommes restent auprès de leurs femmes au lieu de partir au combat.

Valentin trouvait que l'amour était tellement important qu'il désobéit et décide de marier les couples en secret. Ainsi il a été emprisonné. Mais pour lui, ça a été une chance. Emprisonné, il fait la connaissance de Julia, la fille du gardien de la prison dont il tombe très amoureux. Elle était aveugle et l'histoire raconte qu'il lui rend la vue ! L'empereur le fait torturer. Valentin a été décapité le 14 février 268. Il meurt en martyr et devient saint.

C'est pour cette raison qu'on lui rend hommage chaque année, à cette date.

Petit à petit, cet hommage a évolué. Autrefois, les amoureux s'écrivaient des poèmes ou s'envoyaient des lettres d'amour.

Aujourd'hui, en France, les couples s'offrent des fleurs, des cadeaux ou s'invitent au restaurant.

La fête de Saint-Valentin s'est vite propagée dans le monde ! Aux États-Unis, cette fête est très populaire. Il est fréquent d'envoyer des déclarations d'amour à plusieurs personnes, juste pour manifester sa tendresse ou son amitié. Ce jour-là, les élèves des classes primaires écrivent une petite lettre gentille à leurs maîtresses !

Cette fête d'origine chrétienne existe même en Asie. Au Japon par exemple, la tradition veut que les femmes offrent des chocolats aux garçons qu'elles aiment. En échange, ils doivent leur offrir un cadeau, un mois plus tard, le 14 mars !

D'après *http://1jour1actu.com*

DICO

déclarer ta flamme : *dichiarare il proprio amore*
moine : *monaco*
ennemis : *nemici*
au combat : *in battaglia*
gardien : *guardiano*
décapité : *decapitato*
martyr : *martire*
saint : *santo*
hommage : *omaggio*
tendresse : *tenerezza*

1 Compréhension écrite **Répondez aux questions.**

1 Quels sont les cadeaux qui sont échangés à l'occasion de cette fête ? *Un mot doux, une fleur, un poème.*
2 Qui était Valentin ? ______
3 Où vivait-il et à quelle époque ? ______
4 Pourquoi l'empereur Claude II ne veut pas que les gens se marient ? ______
5 Pourquoi Valentin a-t-il désobéit à l'empereur ? ______
6 Pourquoi Valentin a-t-il été emprisonné ? ______
7 Qui rencontre-t-il dans la prison ? ______
8 Comment meurt Valentin ? ______
9 Que font, aux États-Unis, les élèves de l'école primaire le jour de la Saint-Valentin ? ______
10 Que font les garçons le 14 mars au Japon ? ______

2 Interaction orale **Vous devez faire un cadeau à votre copain ou copine à l'occasion de la Saint-Valentin. Vous allez chez une fleuriste ou dans un grand magasin. Vous choisissez et vous payez. Votre professeur ou un copain joue le rôle du vendeur.**

Les prix

Bouquet de roses 20€ Bouquet varié 18€ Chemise 22€ CD 16€ MP3 25€

À savoir

- Je voudrais... • Vous avez... • Est-ce que je peux avoir... • Je vais prendre... • Il me faut... • Il me faudrait...
- Quel est le prix ? • C'est combien ? • Combien coûte... • Je vous dois combien ? • Ça fait combien ?
- Son prix est...

Le carnaval

Nice, Dunkerque, Rio, Venise ou encore Québec : tous les ans, un peu partout dans le monde, en février, c'est la période des carnavals. Ces grandes fêtes sont l'occasion de se déguiser, de chanter, de danser et surtout de s'amuser. Arlequin, clown, canard, coccinelle, Spiderman : si tu habites près de Nice ou de Dunkerque, tu as sûrement déjà choisi ton déguisement pour aller fêter le carnaval dans les rues.

Le mardi gras est le jour le plus important de la période du carnaval. C'est un jour de fête, car c'est le dernier jour avant de commencer la période de Carême. Avant de jeûner, il était habituel de faire le plein d'aliments gras et de vider les réserves de viande et d'œufs. C'est pour cela que l'on parle de « mardi gras ». Ce jour-là les familles cuisinent des gaufres, des beignets ou encore des crêpes ! Pendant le carnaval, tout est permis !

Autrefois, les enfants se déguisaient en adulte, les riches en pauvre, etc. Cela permettait à toutes les classes sociales de se mélanger et de faire la fête. Aujourd'hui encore, le carnaval est l'occasion de jouer à être un autre, le temps d'une nuit.

Dans de nombreuses villes il y a un défilé de chars de carnaval et des batailles de confettis. Un des plus fameux défilés de chars est celui de Nice. À Dunkerque, les hommes se déguisent en femme et les femmes en homme. À Venise ou à Rio, les festivaliers se cachent derrière un masque pour ne pas se faire reconnaître.

D'après *http://1jour1actu.com*

DICO

se déguiser : *mascherarsi*
Carême : *Quaresima*
jeûner : *digiunare*
gaufres : *cialde*
beignets : *frittelle*
se mélanger : *mescolarsi*
chars de carnaval : *carri di carnevale*
confettis : *coriandoli*

1 Compréhension écrite Répondez aux questions.

1 Que fait-on à l'occasion de carnaval ? *À l'occasion de carnaval on se déguise, on chante, on danse et on s'amuse.*

2 Quel est le jour le plus important de la période du carnaval ? LE JOUR LE PLUS IMPORTANT EST LE MARDI GRAS

3 À partir de quand commence la période de Carême ? IL COMMENCE LE JOUR APRES DE MARDI GRAS

4 Que cuisine-t-on dans les familles ce jour-là ? DES GAUFRES DES BIGNETS ET DES CREPES

5 À quoi peut-on assister dans les villes qui fêtent le carnaval ? PEUX ASSISTER A UN DEFILE DE CHARS DE CARNAVAL E DE BATAILLES DE CONFETTI

6 Dans quelle ville y a-t-il un fameux défilé de chars ? NICE

7 Comment est fêté le carnaval à Dunkerque ? LES HOMMES SE DÉGUISENT EN FEMME

8 Que font les gens qui participent au carnaval à Rio ou à Venise ? SE CACHENT DERRIÈRE UN MASQUE

PASSATO PROSSIMO

NASCONDONO

2 Compléter un dialogue Complétez ce dialogue avec les répliques qui manquent.

- Allô Julien, c'est Cédric à l'appareil.
- ◆ *Bonjour Cédric.*
- Tu sais dans ma ville on fête le carnaval.
- ◆ ____________________
- Oui, en effet demain c'est carnaval et la Mairie organise un défilé de chars.
- ◆ ____________________
- Je sais que tu aimerais le voir et je t'appelle pour ça. Veux-tu venir pour l'occasion ?
- ◆ ____________________
- À 15 heures et comme ma mère travaille jusqu'à 13h30 elle peut passer te chercher.
- ◆ ____________________
- Bon alors je dirai à ma mère de passer chez toi à 14 heures.
- ◆ ____________________
- Au revoir Julien.

3 Rédiger une lettre/un mail Cette année, vous avez participé au Carnaval de Nice. Vous écrivez une lettre à un ami français pour lui décrire votre journée. Racontez-lui ce que vous avez fait, le déguisement que vous avez choisi, ce que vous avez mangé …

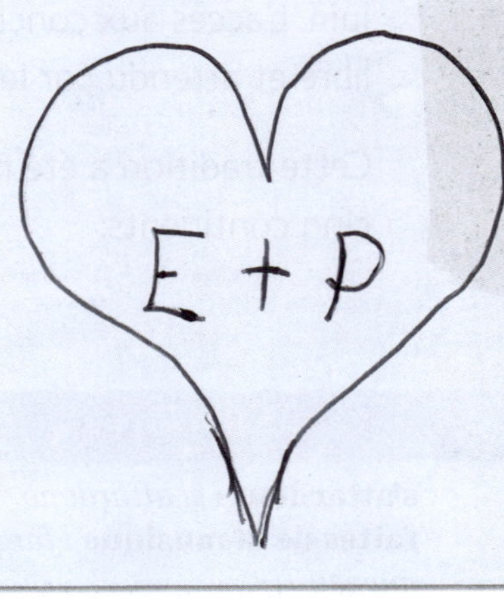

La Fête de la Musique

La Fête de la Musique a été créée en 1982 par le ministère de la Culture, qui veut de « la musique partout ». C'est ainsi que, Jack Lang, alors ministre de la culture, décide de lancer le 21 juin 1982, jour du solstice d'été, la première Fête de la Musique. La date du 21 juin se réfère à l'ancienne tradition des fêtes de la Saint-Jean.

Le ministre invite tous les musiciens à jouer partout où ils veulent entre 20h30 et 21h00. Mais le succès est grandiose et les musiciens et les chanteurs s'attardent pendant toute la nuit. Le slogan était « *Faites de la musique, Fête de la Musique* », et ainsi sur les places de toutes les villes et villages de France on joue du rock, du jazz, de la musique traditionnelle et on chante jusqu'au matin. La musique est jouée partout dans les bus, le métro, les églises, les rues, les cafés mais aussi sur les boulevards, les plages,... Les gens sortent de chez eux pour l'écouter et profiter des concerts qui sont organisés gratuitement.

La Fête de la Musique est aujourd'hui une manifestation populaire. Elle est gratuite et ouverte à tous les musiciens et chanteurs, amateurs ou professionnels, qui souhaitent se produire le 21 juin. L'accès aux concerts de la Fête de la Musique est donc libre et attendu par les jeunes et les moins jeunes.

Cette tradition a été reprise dans plus de cent pays sur les cinq continents.

DICO

jour du solstice d'été : *giorno del solstizio d'estate*
se réfère : *si riferisce*
s'attardent : *si attardano*
faites de la musique : *fate della musica*
amateurs : *dilettanti*
se produire : *partecipare*

1 Compréhension écrite Répondez aux questions.

1 Quel ministre français a voulu cette fête ? *C'est Jack Lang.*
2 Quel jour et mois fête-t-on cette tradition ? ______
3 Au début de la création de cette fête, de quelle heure à quelle heure pouvait-on jouer de la musique ? ______
4 Quel genre de musique peut-on entendre au cours de la soirée ? ______
5 Est-il nécessaire de prendre des billets pour assister aux concerts ? ______
6 Est-ce que seuls les artistes connus peuvent jouer pendant la soirée ? ______
7 Cette manifestation est-elle réservée aux jeunes ? ______
8 S'agit-il d'une manifestation uniquement française ? ______

2 Rédiger une lettre/un mail Vous écrivez un mail à votre correspondant français pour prendre de ses nouvelles. Vous profitez de l'occasion pour lui raconter votre soirée d'hier soir à la fête de la musique. Décrivez-lui ce que vous avez fait et vu, quel genre de musique vous préférez...

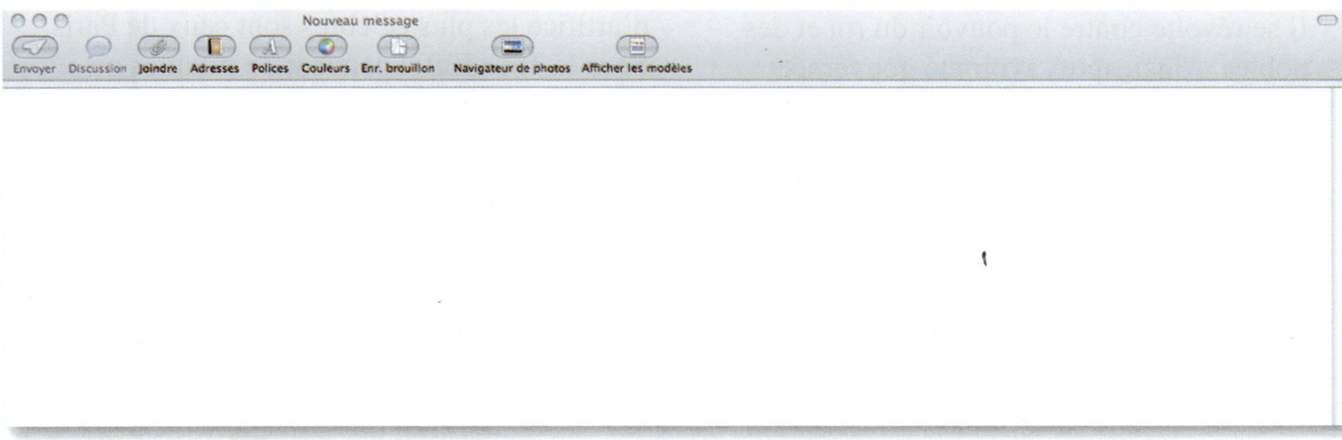

À retenir

Le verbe *jouer*

- Il verbo *jouer* ha diversi significati:
  - *jouer au foot*: giocare a calcio.
  - *jouer avec le feu*: scherzare con il fuoco.
  - *jouer une comédie*: recitare una commedia.
  - *jouer un morceau de musique*: suonare un brano musicale.

3 Associez et complétez les phrases.

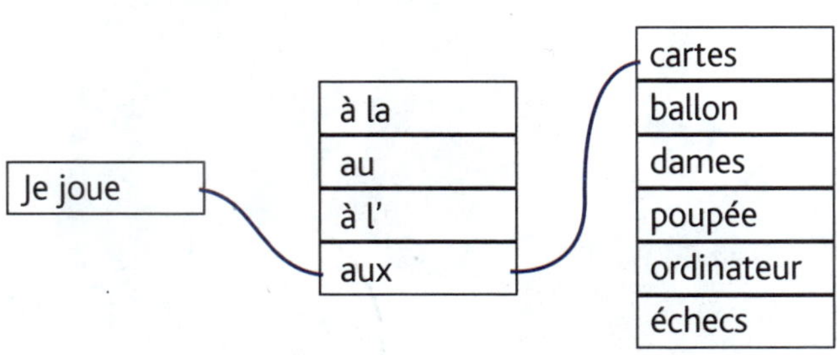

1 *Je joue aux cartes.*
2 ______
3 ______
4 ______
5 ______
6 ______

Le 14 juillet en France

En France, la fête nationale, c'est le 14 juillet, un jour férié.

Le 14 juillet symbolise un moment important de l'histoire : la Révolution française. Entre 1789 et 1795, la France connaît une période de violences. Le peuple est pauvre et a faim. Il se révolte contre le pouvoir du roi et des nobles. Ainsi, après avoir été gouvernée pendant des siècles par des rois, la France devient une République. Le 14 juillet 1789, les Parisiens prennent la prison royale de la Bastille et la détruisent. Et c'est en 1880 qu'on choisit cette date comme fête nationale.

Aujourd'hui le 14 juillet fait partie des symboles de la République française, comme la *Marseillaise*, l'hymne national composé par Rouget de Lisle, le drapeau bleu-blanc-rouge, la devise « liberté, égalité, fraternité » et la Marianne, le buste de femme représentant la République qui se trouve dans toutes les mairies et sur de nombreuses places publiques.

Dans toute la France, le soir du 14 juillet il y a des bals et des feux d'artifice. Les feux d'artifice les plus célèbres sont ceux de Paris. Sous la Tour Eiffel pendant 35 minutes on assiste à un spectacle qui émerveille.
Sur les places et dans les casernes des pompiers on organise les bals traditionnels.
Le Président de la République fait un discours à la télévision. C'est à Paris, sur les Champs-Élysées, qu'on voit défiler des militaires à pied, à cheval, sur des chars d'assaut mais aussi les pompiers, la police,...

DICO

jour férié : *giorno festivo*
roi : *re*
nobles : *nobili*
prison royale : *prigione reale*
détruisent : *distruggono*
hymne : *inno*
drapeau : *bandiera*
buste : *busto*
mairies : *municipi*
émerveille : *meraviglia*
casernes : *caserme*
chars d'assaut : *carri armati*

1 Compréhension écrite **Répondez aux questions.**

1 Pourquoi les Français ne travaillent-ils pas le 14 juillet ? *Parce que c'est un jour férié. C'est leur fête nationale.*
2 Que symbolise cette journée ? ______
3 Qu'a fait le peuple ce jour-là ? ______
4 Quels sont les autres symboles de la République française ? ______
5 Par quels moyens fête-t-on la soirée du 14 juillet ? ______

2 Faire un résumé **Faites le résumé de ce texte.**

______
______
______
______
______
______
______
______

3 Rédiger un dialogue **Rédigez un dialogue selon ce canevas.**

Ludovic

Telefona a Béatrice, la saluta e chiede come sta.

Béatrice

Saluta Ludovic e risponde che sta bene.

Ludovic

Chiede se ha svolto il compito di francese sulle tradizioni del 14 luglio.

Béatrice

Risponde positivamente ma dice di non aver risposto alla domanda su chi ha scritto la *Marseillaise*.

Ludovic

Dice che l'inno nazionale è stato scritto da Rouget de Lisle.

Béatrice

Risponde di aver paura di prendere un brutto voto.

Ludovic

Dice che la professoressa non è severa.

Béatrice

Risponde che se non avrà un bel voto i suoi genitori non la lasceranno uscire con gli amici sabato.

Ludovic

Dice che per una domanda non potrà avere un voto negativo.

Béatrice

Risponde che lo spera e che per il prossimo compito studierà di più.

ORGANISATION INTERNATIONALE DE LA FRANCOPHONIE

Les Jeux de la Francophonie

Les Jeux de la Francophonie regroupent tous les 4 ans, sous le symbole de la Francophonie, près de 3 000 jeunes sportifs et artistes de 56 États et gouvernements, membres de la Francophonie. Cette manifestation festive et populaire mais également d'un haut niveau sportif et artistique comprend six compétitions sportives (athlétisme, football junior, basket-ball féminin, tennis de table, judo...) et sept concours culturels (chanson, danse, sculpture, peinture, photographie, conte...).

Le français est la langue commune de tous les pays participants. Il favorise le dialogue et se met au service des deux langages universels, le sport et la culture, pour créer des liens avec des rencontres. Lors du deuxième sommet de la Francophonie, en 1987, les chefs d'États et de gouvernements veulent créer un événement réservé à la jeunesse francophone. Voilà comment sont nés les Jeux de la Francophonie.

On décide que ces Jeux ont lieu en alternance dans un pays du Nord et un pays du Sud et qu'aux compétitions sportives sont associés des concours culturels, comme au temps des Jeux de l'Antiquité. Deux ans plus tard, les premiers Jeux de la Francophonie naissent à Casablanca et Rabat.

Comme pour les jeux olympiques traditionnels il y a des cérémonies d'ouverture et de clôture. D'autres spectacles comme des concerts, des expositions, du théâtre de rue,... animent à cette occasion les journées et les soirées.

D'après *http://jeux.francophonie.org*

DICO

symbole : *simbolo*
États : *Stati*
gouvernements : *governi*
niveau : *livello*
compétitions : *competizioni*
concours : *concorsi*
langages : *linguaggi*
liens : *legami*
sommet : *conferenza al vertice*
chefs d'États : *capi di Stato*
alternance : *alternanza*
Jeux de l'Antiquité : *giochi dell'antichità*
cérémonies d'ouverture : *cerimonie di apertura*
clôture : *chiusura (cerimonia di)*

1 **Compréhension écrite** **Répondez aux questions.**

1 De quoi parle ce texte ? *Ce texte parle des Jeux de la Francophonie.*
2 Combien de jeunes et d'artistes participent à cette manifestation ? 3000 JEUNES SPORTIFS ET ARTISTES PARTICIPENT CETTE MAN.
3 À quels genres de compétitions peut-on participer au cours de cette manifestation ? ON PEUT PARTICIPER AU 6 COMPETITI FOOTBALL, TENNIS...
4 Quelle langue utilisent les pays participants ? LES PAYS PARTICIPANTS UTILISENT LE FRANÇAIS
5 De quand date cette manifestation ? CETTE MANIFESTATION A ETÉ CREES EN 1987
6 Qui l'a créée ? LE CHEFS D'ETAT DE LA FRANCOPHONIE ONT CRÉÉE LES JEUX
7 Dans quelles villes s'est déroulée la première manifestation ? __________
8 Quels genres de spectacles animent les journées et les soirées pendant cette manifestation ? __________

2 **Compléter un dialogue** **Complétez ce dialogue avec les répliques qui manquent.**

- ● Salut Martin, ça va ?
- ◆ __________
- ● Oui, ça va. Qu'est-ce que tu fais?
- ◆ __________
- ● Moi, je suis en train de lire un article sur les Jeux de la Francophonie, tu connais ?
- ◆ __________
- ● Ah vraiment, tu adores le sport ? Et quel sport est-ce que tu pratiques ?
- ◆ __________
- ● Alors on pourra suivre les jeux ensemble sur Internet ?
- ◆ __________
- ● Il y a aussi des concerts ? c'est super ! Ça te dit de venir chez moi cet après-midi ?
- ◆ __________
- ● Ok, vers 16.00 ! Je prépare le goûter !

3 **Rédiger une lettre/un mail** **Vous habitez une ville qui accueillera bientôt les Jeux de la Francophonie. Vous écrivez une lettre à un ami pour l'inviter chez vous pour l'occasion.**

L'Europe, ça sert à quoi ?

Qu'y a-t-il de commun entre un Suédois et un Portugais, un Écossais et un Belge ? Ils sont tous Européens. La plus grande richesse de l'Europe, c'est sa diversité de cultures et de traditions. Ceux qui étaient, il n'y a pas si longtemps encore des ennemis, sont maintenant unis. Aujourd'hui, il n'y a plus de tracas liés au passage des frontières.
En 1985, la France, l'Allemagne et les trois pays du Benelux se sont mis d'accord à Schengen, une petite ville du Luxembourg, pour supprimer progressivement les contrôles à leurs frontières communes. Les autres pays de l'Union ont fait la même chose, à l'exception du Royaume-Uni et de l'Irlande. Ces pays forment ce qu'on appelle l'espace Schengen.
De Berlin à Palerme, de la ville suédoise de Kiruna située au nord du cercle polaire jusqu'à la station balnéaire espagnole de Malaga, on peut se déplacer sans passeport comme on le fait pour aller de Paris à Nice.

La frontière entre la Belgique et la Hollande passe par la terrasse d'un restaurant.

Monument construit dans la petite ville de Schengen (Luxembourg) pour célébrer les accords.

Frontière entre l'Autriche et l'Allemagne.

L'Europe se tourne aujourd'hui vers les jeunes. Depuis 1991, de nombreux diplômes d'études supérieures d'un pays sont reconnus partout dans l'Union. Un étudiant diplômé de Paris pourra exercer son métier dans le pays de son choix. De même, un Hollandais peut étudier à Berlin pour ensuite trouver du travail à Marseille. C'est pour cela que l'Europe veut former les jeunes dans une autre langue que la leur. C'est le meilleur moyen de communiquer et de connaître la culture du voisin.

D'après *Okapi*, n° 2267

DICO

il n'y a pas si longtemps encore : *non molto tempo fa*
ennemis : *nemici*
unis : *uniti*
tracas : *preoccupazioni*
passage : *passaggio*
frontières : *frontiere*
contrôles : *controlli*
exception : *eccetto*
espace Schengen : *spazio Schengen*
cercle polaire : *circolo polare*
station balnéaire : *stazione balneare*
se déplacer : *spostarsi*
se tourne : *si rivolge*
diplômes : *diplomi*

1 Compréhension écrite **Répondez aux questions.**

1 Qu'est-ce que les habitants de la Suède et du Portugal ont en commun ? *Ils sont tous les deux européens.*
2 À l'intérieur de l'Europe y a-t-il encore des problèmes de frontières ? ____________
3 Que s'est-il passé à Schengen en 1985 ? ____________
4 Que reconnaît-on dans tous les pays de l'Union Européenne ? ____________
5 Que peut faire un étudiant habitant dans un pays de l'Europe ? ____________
6 Que faut-il faire si on veut connaître la culture d'un pays voisin ? ____________

2 Compréhension et production orale **Retrouvez l'ordre logique de ce dialogue et jouez-le avec un copain.**

A ☐ La France a un climat océanique, continental, un climat de montagne et un climat méditerranéen.
B ☐ Le pays que j'aimerais visiter est la France.
C ☐ J'aimerais y aller avec mes copains pendant les grandes vacances et visiter sa capitale et aller à Eurodisney.
D [1] Quel pays aimerais-tu visiter ?
E ☐ La France se trouve dans l'Europe occidentale et elle a pour voisins l'Italie au Sud-Est, l'Espagne au Sud-Ouest, l'Allemagne et la Suisse à l'Est et la Belgique et le Luxembourg au Nord.
F ☐ Quel est le climat de la France ?
G ☐ Avec qui aimerais-tu le visiter ?
H ☐ Où se trouve ce pays ?
I ☐ J'aimerais manger du fromage et le matin un croissant chaud ou un pain au chocolat.
J ☐ Qu'aimerais-tu manger en France ?

À savoir

Pays et localisation : beau, unique, intéressant, riche, près, loin, à côté de, ...
Climat : chaud, tropical, humide, continental, froid, tempéré, ...
Ville : métropole, cosmopolite, moderne, ancienne, raffinée, riche, ...
Monuments : contemporains, de style gothique, romain, ...
Nourriture : appétissante, délicieuse, savoureuse, exotique, ...
Attractions : sensationnelles, amusantes, spectaculaires, ...
Langue : difficile, facile, incompréhensible, compréhensible, ...

3 Production écrite **Parlez d'un pays (ou d'une région) que vous avez visité. Aidez-vous de ce plan.**

1 nom du pays / région : *ce pays / cette région s'appelle...*
2 localisation : *il / elle se trouve...*
3 climat : *il fait...*
4 avec qui vous l'avez visité(e) : *je l'ai visité(e) avec...*
5 quand : *j'y suis allé(e),....*
6 moyen de transport : *j'ai voyagé en...*

La sixième planète

La sixième planète était une planète dix fois plus vaste. Elle était habitée par un vieux Monsieur qui écrivait d'énormes livres.

– Tiens ! voilà un explorateur ! dit-il, quand il aperçoit le petit prince. [...]

– Quel est ce gros livre ? dit le petit prince. Que faites-vous ici ?

– Je suis géographe, dit le vieux Monsieur.

– Qu'est-ce qu'un géographe ?

– C'est un savant qui connaît où se trouvent les mers, les fleuves, les villes, les montagnes et les déserts.

– Ça c'est bien intéressant, dit le petit prince. Ça c'est enfin un véritable métier ! Et il jette un coup d'œil autour de lui sur la planète du géographe.

Il n'avait jamais vu encore une planète aussi majestueuse.

– Elle est bien belle, votre planète. Est-ce qu'il y a des océans ?

– Je ne sais pas, dit le géographe.

– Ah ! (Le petit prince était déçu.) Et des montagnes ?

– Je ne sais pas, dit le géographe.

– Et des villes et des fleuves et des déserts ?

– Je ne sais pas, dit le géographe.

– Mais vous êtes géographe !

– C'est exact, dit le géographe, mais je ne suis pas explorateur.

Je manque absolument d'explorateurs.

Ce n'est pas le géographe qui va faire le compte des villes, des fleuves, des montagnes, des mers, des océans et des déserts.

Le géographe est trop important pour flâner.

Il ne quitte pas son bureau. Mais il y reçoit les explorateurs. Il les interroge, et il prend note de leurs souvenirs.

A. Saint-Exupéry, *Le Petit Prince*, Gallimard 1946

DICO

planète : *pianeta*
explorateur : *esploratore*
aperçoit : *scorge*
géographe : *geografo*
savant : *sapiente*
déçu : *deluso*
manque : *non ho*
compte : *conto*
flâner : *bighellonare*
quitte : *lascia*
note : *appunti*
souvenirs : *ricordi*

1 Compréhension écrite **Répondez aux questions.**

1 Qui habite la sixième planète ? *La sixième planète est habitée par un géographe.*
2 Que fait le vieux monsieur qui habite la planète ? ______
3 Qu'est-ce qu'un géographe selon le vieux monsieur ? ______
4 Comment est cette planète ? ______
5 Est-ce que le géographe connaît la planète où il habite ? ______
6 Qui, selon le géographe, compte les mers, les océans, les fleuves ... ? ______
7 Est-ce que le géographe voyage dans sa planète ? ______
8 Quand le géographe reçoit un explorateur que fait-il ? ______

2 Rédiger un dialogue **Rédigez un dialogue selon ce canevas.**

Marion	Benoît
Incontra Benoît al parco che sta leggendo, lo saluta.	
	Saluta e chiede come sta.
Risponde che sta bene, dice che sta passeggiando e chiede a Benoît cosa sta leggendo.	
	Dice che sta leggendo *Il piccolo principe* per la seconda volta.
Risponde che lo ha letto e che è veramente un bel libro.	
	Dice che vorrebbe diventare scrittore anche lui.
Risponde che lei vorrebbe fare la professoressa di francese.	
	Dice a Marion che quando sarà professoressa potrà tradurre i suoi libri in francese.
Ride e dice che è una buona idea. Augura una buona lettura.	
	Ringrazia e saluta.

À savoir

• L'acteur / trice • Le chanteur / teuse • Le coiffeur / euse • Le comptable • L'employé / e • L'étudiant / e
• L'informaticien / ne • L'ingénieur • Le / La journaliste • Le médecin • L'ouvrier / ère • Le / La photographe
• Le professeur • Le / La secrétaire • Le vendeur / euse

3 Production orale **Dites quelle est la profession que vous aimeriez exercer, ce que vous ne feriez jamais et pourquoi ?**

Les grands-parents sont trop cools !

Disponibles, indulgents, rassurants, cools… Ils sont tout ça, et bien plus encore, les grands-parents ! Avec eux, on partage des histoires qui sortent du quotidien et font voir la vie d'un autre œil.

Qui a dit que papy et mamie riment avec ennui ? Différentes enquêtes le montrent : les jeux, la lecture, les sorties arrivent en tête des activités qu'on pratique avec les grands-parents qui occupent une place spéciale dans la famille.

Moins impliqués que les parents dans la scolarité, ils vivent à côté de leurs petits-enfants des moments plus intimes et détendus : un cours de cuisine, une partie de pêche ou juste des fous rires ! À l'âge où les goûts, le look et les amitiés des ados évoluent, les grands-parents, eux, conservent leurs habitudes et leur manière de parler à leur « petit ». Chez eux, on trouve chaleur et réconfort. Et le courage, parfois, de parler de sujets qu'on n'ose pas aborder avec les parents. On peut leur parler de tout et de n'importe quoi, leur raconter les bêtises et eux racontent les leurs ainsi que des anecdotes sur leur jeunesse. Parfois ils inspirent des passions : musique, lectures, sport,… avec leur patience on est sûr de réussir. Et si des kilomètres les séparent de leurs petits, ils font devenir précieux les moments passés ensemble. En tout cas, avec eux, on s'entend bien.

D'après *Okapi*, n° 923

DICO

cools : *simpatici, tranquilli (familiare)*
sortent du quotidien : *si allontanono dalla quotidianità*
d'un autre œil : *con un occhio diverso*
riment : *fanno rima*
ennui : *noia*
enquêtes : *inchieste*
impliqués : *implicati*
détendus : *distesi*
partie de pêche : *battuta di pesca*
fous rires : *risate da pazzi*
réconfort : *conforto*
aborder : *affrontare*
n'importe quoi : *qualsiasi cosa*
bêtises : *stupidaggini*
anecdotes : *aneddoti*

1 **Compréhension écrite Répondez aux questions.**

1 Comment sont les grands-parents ? Ils sont disponibles, indulgents, rassurants.
2 Que peut-on partager avec eux ? ______
3 Quelles sont les activités qu'on peut pratiquer avec eux ? ______
4 Que peut-on faire pendant des moments de détente ? ______
5 Quels sujets peut-on aborder avec eux ? ______
6 Que peuvent-ils raconter ? ______
7 Quelles passions peuvent-ils inspirer ? ______
8 Comment sont les moments qu'ils passent ensemble ? ______

2 **Rédiger un résumé Faites le résumé de ce texte.**

______

À savoir

- Il me faut
- Il me faudrait
- Je voudrais
- Je cherche
- Est-ce que vous avez ...
- Vous désirez
- Qu'est-ce qu'il vous faut ?
- Voulez-vous un paquet cadeau ?

3 **Interaction orale C'est l'anniversaire de votre grand-mère et vous voulez lui offrir un cadeau. Vous allez dans un grand magasin, vous demandez le prix de quelques produits, vous choisissez et vous payez.**
Le professeur joue le rôle du vendeur ou de la vendeuse.

Les prix

Parfum 32,50 € — Foulard 28 € — Roman 9 € — Écharpe 15 € — Sac 48 € — Bouquet de roses 25 €

Bienvenue chez moi à l'internat

Je m'appelle Jérémy, j'ai 14 ans et je suis en 3e dans le collège Notre-Dame de Mont-Roland, un grand établissement qui accueille 900 élèves. Il est situé à Dole dans le Jura. C'est là que j'habite du lundi au vendredi depuis la 5e. Le week-end, je rentre en train chez mes parents, à Collonges-lès-Premières. Mon ancien collège était éloigné de mon domicile. Chaque jour, je devais me lever à 6 heures, pour ne rentrer qu'à 18 heures le soir. Un rythme très fatigant qui ne m'incitait pas à travailler. J'ai alors demandé à mes parents de partir à l'internat, pour vivre avec des gens de mon âge et améliorer mes notes et depuis je ne regrette pas ce choix.

À mon étage, on est 66 élèves de 5e, 4e, et 3e, répartis en 17 chambres. On est de 3 à 8 dans une chambre. C'est le maître d'internat qui s'occupe de nous. Pendant l'étude obligatoire de 17h30 à 19h, puis de 19h45 à 20h30 s'il n'y a pas d'activités, on se retrouve entre internes et on s'aide pour faire nos devoirs. Le soir de 20h30 à 21h30 c'est étude libre dans les chambres. Pendant une heure, en général, on travaille ou on écoute de la musique. Après c'est l'extinction des feux.

Le mercredi après-midi on peut choisir entre la danse, l'escalade, les cours de cuisine, le foot, ... on peut lire, utiliser l'ordinateur ou bien c'est la sortie libre pendant une heure et quart.
Donc si tu crois qu'un interne est un élève enfermé au collège, privé d'ordinateur, obligé de bosser et de se coucher tôt, tu te trompes.

D'après *Okapi*, n° 905

DICO

établissement : *scuola/edificio*
accueille : *accoglie*
chaque : *ogni*
rythme : *ritmo*
fatigant : *stancante*
internat : *convitto*
notes : *voti*
regrette : *rimpiango*
choix : *scelta*
répartis : *divisi*
maître : *responsabile*
extinction des feux : *chiusura delle luci*
enfermé : *prigioniero*
bosser : *lavorare* (familiare)
trompes : *sbagli*

1 Compréhension écrite Répondez aux questions.

1 Quelle classe fréquente Jérémy et quel âge a-t-il ? *Jérémy a 14 ans et il est en 3e.*
2 Comment s'appelle le collège fréquenté par Jérémy et combien d'élèves accueille-t-il ? ______
3 Dans quelle ville Jérémy habite-t-il du lundi au vendredi ? ______
4 Quel moyen de transport utilise-t-il pour rentrer chez ses parents ? ______
5 Quand Jérémy fréquentait l'ancien collège à quelle heure se levait-il ? ______
6 Pourquoi Jérémy a-t-il demandé à ses parents de partir à l'internat ? ______
7 Combien de chambres y a-t-il à l'étage de Jérémy et combien d'élèves y a-t-il dans chaque chambre ? ______
8 Que font les élèves à 20h ? ______
9 Que se passe-t-il à 20h30 ? ______
10 Que font-ils le mercredi après-midi ? ______

2 Compléter un dialogue Complétez ce dialogue.

- ● Bonjour madame !
- ◆ *Bonjour jeune homme. Je peux vous aider ?*
- ● Je cherche un manuel de sciences.
- ◆ ______
- ● Je cherche en particulier un manuel sur les poissons. Je dois préparer une recherche sur les poissons.
- ◆ ______
- ● Nous étudions les dauphins.
- ◆ ______
- ● Oh oui, vous avez raison, ... euh ...oui excusez-moi ce sont des mammifères ! Il y a un livre pour approfondir ?
- ◆ ______
- ● Merci madame, vous avez dit salle 2, première étagère sur ma droite.

3 Rédiger une lettre/un mail Vous écrivez une lettre à votre correspondant pour lui parler de vos copains de classe et de votre professeur de français. Aidez-vous de ce plan.

Dire le nombre de garçons et de filles qui compose la classe.
Décrire un copain et une copine.
Parler du professeur de français.
Demander de répondre pour connaître ses copains.

______
______
______
______
______
______
______

Une petite quiche aux vers, ça te tente ?

Ce n'est pas une blague, une quiche aux vers pourrait bientôt faire partie des menus des cantines du futur. Des chercheurs néerlandais viennent de démontrer les bienfaits des insectes dans notre alimentation. Des étudiants ont même joué aux cobayes pour cette équipe de scientifiques, en mangeant cette quiche aux vers et autres mets à base d'insectes. D'après eux, les vers auraient un goût de noisette. Miam, miam !

Pour arriver à nourrir les 9 milliards de personnes qui peupleront la planète, en 2050, rien de mieux, d'après cette équipe de chercheurs et l'Agence pour l'alimentation et l'agriculture (FAO), que les vers, les moucherons, les guêpes ou les sauterelles ! Ces ravissants insectes, riches en protéine et pauvres en graisse, remplaceraient tout simplement la viande dans nos assiettes.
Mais pourquoi une galette de sauterelles à la place d'un steak ?
Parce qu'un insecte rejette moins de gaz à effet de serre qu'une vache, par exemple, et qu'il a besoin de moins de végétaux ou d'eau pour se nourrir. Il semblerait aussi qu'il ne transmet pas de maladie aux humains qui le consomment.
Pour résumer : manger moins, éviter de gaspiller et consommer moins de viande !
La Chine, le Mexique et certains pays d'Afrique ont pris de l'avance sur nous, car les insectes font partie de leur alimentation. Parmi les 1 400 espèces d'insectes comestibles, certaines sont considérées comme des mets très délicats et très fins.
Alors, capables ou pas capables de manger un beignet aux moucherons ?

D'après *http://1jour1actu.com*

DICO

blague : *scherzo*
quiche : *torta salata*
vers : *vermi*
cantine : *mensa scolastica*
chercheurs : *ricercatori*
bienfaits : *benefici*
insectes : *insetti*
cobayes : *cavie*
mets : *pietanze*
noisette : *nocciola*
nourrir : *nutrire*
moucherons : *moscerini*
guêpes : *vespe*
sauterelles : *cavallette*
protéine : *proteina*
galette : *tortino*
effet de serre : *effetto serra*
gaspiller : *sprecare*
pris de l'avance : *ci hanno anticipato*
beignet : *frittella*

1 Compréhension écrite **Répondez aux questions.**

1 De quel type de quiche est-il question dans le texte ? *On parle d'une quiche aux vers.*
2 Qu'est-ce que les chercheurs néerlandais ont découvert ? ____________________
3 Par qui les mets aux insectes ont-ils été testés ? ____________________
4 Quel goût peuvent avoir les insectes ? ____________________
5 Combien de personnes y aura-t-il en 2050 ? ____________________
6 Pourquoi les insectes peuvent-ils remplacer la viande ? ____________________
7 Dans quels pays consomme-t-on déjà des insectes ? ____________________
8 Combien d'espèces d'insectes comestibles y a-t-il ? ____________________

2 Production écrite **Faites le résumé de ce texte.**

____
____
____
____
____
____
____
____
____

3 Interaction orale **Vous êtes en France et c'est votre anniversaire. Vous fêtez cette journée dans un restaurant avec un copain italien qui ne connaît pas la cuisine française. On vous apporte le menu. Vous lui expliquez les plats. Le copain joue le rôle de l'ami.**

À savoir

Salade niçoise : œufs durs, anchois, salade, tomates, olives.
Quiche lorraine : œufs, petit salé, crème fraîche, fromage râpé.
Fromage blanc : lait caillé égoutté.
Crème brûlée : crème, œufs, lait.
Sorbets : glaces aux fruits sans lait.

MENU À 18 €

NOS ENTRÉES

Salade niçoise
Quiche lorraine

NOS PLATS

Bifteck frites
Poulet rôti
Saumon avec légumes

NOS DESSERTS

Fromage blanc
Crème brûlée
Glaces et sorbets

C'est quoi une tomate bio ?

Aujourd'hui malgré la crise, les produits bio se vendent bien dans les supermarchés et les épiceries spécialisées. Souvent, les agriculteurs dans l'agriculture non bio utilisent des pesticides et des engrais chimiques pour faire pousser leurs tomates plus vite et en très grande quantité. Ces produits chimiques, une fois répandus sur les plantes, vont polluer le sol et les eaux qui coulent à proximité. Ils rentrent ainsi dans les tomates et dans notre estomac lorsque nous les mangeons. Or, selon plusieurs études, ils ne seraient pas très bons pour notre santé. C'est pour cela qu'un autre type d'agriculture, plus naturel, s'est développé : l'agriculture biologique.

Dans l'agriculture biologique, les agriculteurs choisissent des espèces de tomates qui résistent bien aux maladies. Ils utilisent, aussi, tout un tas de techniques naturelles.

Ainsi, pour lutter contre les insectes ou les mauvaises herbes, ils peuvent faire venir d'autres insectes, comme les coccinelles, qui adorent manger les pucerons. Et, pour améliorer la qualité du sol, ils peuvent utiliser un engrais naturel fait de matières végétales pourries.

Mais les aliments bio coûtent plus cher et cette différence de prix provient de la façon de cultiver les tomates : un agriculteur bio produit moins de tomates qu'un agriculteur non bio et pour gagner sa vie correctement, il doit les vendre un peu plus cher. De plus, les produits utilisés pour protéger les tomates bio sont souvent plus chers que ceux utilisés par un producteur non bio. Cependant, les gens se soucient de plus en plus de ce qu'ils mangent et achètent de plus en plus de produits bio. Et toi, est-ce qu'il t'arrive de manger bio ?

D'après *http://1jour1actu.com*

DICO

pesticides : *pesticidi*
engrais chimiques : *concimi chimici*
pousser : *crescere*
répandus : *sparsi*
polluer : *inquinare*
insectes : *insetti*
mauvaises herbes : *erbe selvatiche*
coccinelles : *coccinelle*
pucerons : *afidi, pidocchi delle piante*
améliorer : *migliorare*
engrais naturel : *concime naturale*
pourries : *marci*
se soucient : *si preoccupano*

1 Compréhension écrite **Répondez aux questions.**

1 Est-ce que les produits bio ont du succès ? *Oui ils ont du succès et se vendent bien.*
2 Où peut-on acheter les produits bio ? ______
3 Quels sont les produits qui ne sont pas utilisés dans l'agriculture bio ? ______
4 Que font les produits chimiques dès qu'ils sont répandus sur les plantes ? ______
5 Quelles techniques sont utilisées par les agriculteurs bio ? ______
6 Quel type d'engrais est utilisé pour améliorer la qualité du sol ? ______
7 Les agriculteurs bio produisent-ils la même quantité de tomates que les autres agriculteurs ? ______
8 Pourquoi les produits bio coûtent-ils cher ? ______

2 Rédiger un résumé **Faites le résumé de ce texte.**

______
______
______
______
______
______
______

3 Compléter un dialogue **Complétez ce dialogue avec les répliques qui manquent.**

- Bonjour Madame. Qu'est-ce que je vous donne ce matin ?
- *Bonjour Monsieur, je voudrais des concombres et 1 kg de ces belles tomates.*
- Voilà les concombres, et les tomates.
- ______
- Oui, voilà les laitues, vous en voulez combien ?
- ______
- Donc 2 laitues et regardez ces melons qui sont arrivés ce matin. Ils sont très parfumés.
- ______
- 1 melon pour vous et c'est tout ?
- ______
- Les concombres, les tomates 8€ 50, la laitue 1€ 30 et le melon 1€ 80 au total 11€ 60.

À vous de jouer

Énigme

Il y avait trois fruits sur la table avant le goûter : une pomme, une orange et une banane.
Lila, Clémence et Emma ont mangé un fruit chacune. Pouvez-vous dire quel fruit chacune a mangé ?

Lila n'aime pas les bananes : ______
Clémence aime seulement les pommes et les bananes : ______
Emma n'a pas mangé de fruits ronds : ______

Connais-tu le steak fabriqué en laboratoire ?

Voici une découverte qui va révolutionner ton hamburger !
Un chercheur néerlandais a décidé de créer en laboratoire le premier « steak-éprouvette ». Bon appétit !
Le principe de ce drôle de steak ? Prélever des cellules sur le muscle d'une vache et les faire se reproduire. Le résultat donne de véritables fibres de viande, identiques à celles que nous mangeons. Une cellule est un élément microscopique que l'on retrouve dans tous les êtres vivants : hommes, animaux, plantes… Les cellules sont présentes dans chacun de nos organes. Dans notre corps, il y en a des milliards qui se multiplient pendant toute notre existence.
Pour l'instant, Mark Post, le chercheur néerlandais, a créé un minuscule morceau de viande, mais il espère présenter au mois d'octobre un morceau digne de ce nom !

Pourquoi cette nouvelle est-elle importante ?
Tout d'abord, parce que l'élevage est une activité polluante, surtout à cause du méthane, un gaz que les vaches rejettent en grande quantité dans l'atmosphère. Ensuite, les hommes mangent de plus en plus de viande, et un jour, les agriculteurs ne pourront plus en produire assez. Grâce à ce procédé de fabrication, on produirait donc de la viande à l'infini, sans polluer et sans tuer d'animaux ! Mais il y a un gros inconvénient ... le prix de cette "viande".
Le prototype coûte… 250 000 euros.
De la viande sans tuer, ou presque…

D'après *http://1jour1actu.com*

DICO

chercheur : *ricercatore*	**morceau :** *pezzo*	**méthane :** *metano*
éprouvette : *provetta*	**digne :** *degno*	**rejettent :** *rigettano*
drôle : *bizzarro*	**nouvelle :** *notizia*	**procédé de fabrication :** *processo di fabbricazione*
fibres : *fibre*	**élevage :** *allevamento*	
existence : *esistenza*	**polluante :** *inquinante*	

1 Compréhension écrite **Répondez aux questions.**

1 De quelle découverte révolutionnaire est-il question dans le texte ? *Dans le texte on parle du steak fabriqué en laboratoire.*
2 Quelle est la nationalité du chercheur et comment s'appelle-t-il ? ______
3 Sur quel principe cette découverte se base-t-elle ? ______
4 Qu'est-ce qu'une cellule ? ______
5 Où trouve-t-on les cellules ? ______
6 Quand sera présenté un bon morceau de viande ? ______
7 Pourquoi l'élevage est une activité polluante ? ______
8 Quel est le prix de cette viande ? ______

2 Rédiger un résumé **Faites le résumé de ce texte.**

______
______
______
______
______
______
______

3 Rédiger un dialogue **Rédigez un dialogue selon ce canevas.**

Laure

Telefona a Nicolas e chiede come sta.

Nicolas

Saluta e dice che sta bene.

Laure

Dice che organizza una festa di fine anno al ristorante e chiede se Nicolas è disponibile.

Nicolas

Chiede quando e dove è.

Laure

Risponde che è sabato a pranzo, nella pizzeria di fronte a scuola.

Nicolas

Dice che lui è disponibile ma che la pizzeria di fronte a scuola è chiusa.

Laure

Esprime delusione e chiede se Nicolas ha un'altra idea.

Nicolas

Dice che c'è un nuovo ristorante di steak accanto al cinema.

Laure

Dice che è perfetto, potranno andare lì a pranzo e chi vorrà potrà anche andare al cinema il pomeriggio.

Nicolas

Risponde che verrà sia al ristorante che al cinema.

Laure

Dice che va bene e saluta.

Nicolas

Saluta.

TOUT EST BON !

Poulet rôti, steak tartare, escargots, crevettes, radis, laitue, gratin de courgettes, fromage, cerises, éclair au chocolat… l'homme mange de tout !
Il mange de tout, parce que, pour lui, tout est bon ! Et aussi parce qu'il peut presque tout digérer…
Pour vivre, il faut manger. Comme un moteur a besoin d'essence pour fonctionner, nous avons besoin de nous alimenter pour bouger.
Notre corps transforme nos aliments en énergie : elle fait battre notre cœur, elle nous donne des ailes pour courir, elle nous permet de réfléchir…

Non seulement nous mangeons, mais, en plus, nous mangeons de tout : l'homme est « omnivore ». Chaque aliment, en effet, nous apporte des éléments dont notre corps a besoin.
Comme il mange de tout, l'homme est capable de s'adapter à son environnement et de varier les menus. Côtelette d'agneau et fromage en France, salade de soja et poisson cru au Japon, chenilles grillées en Afrique ! Tout est bon !

Nous mangeons de tout, parce que nous sommes capables de tout digérer. Notre système digestif prend en charge notre nourriture dès qu'elle pénètre dans la bouche. Il reconnaît les substances utiles à notre corps. Ensuite, il les transforme et les fait passer dans notre sang, qui les distribue aux différentes parties de notre corps. En revanche, il rejette ce qui ne nous est pas utile car notre corps est une machine complexe mais aussi performante.

D'après *Okapi*, n° 550

DICO

steak tartare : *bistecca alla tartara*
escargots : *lumache*
crevettes : *gamberi*
radis : *ravanello*
éclair : *bigné*
essence : *benzina*
bouger : *muoversi*
ailes : *ali*
environnement : *ambiente*
chenilles : *bruchi*
système digestif : *sistema digerente*
substances : *sostanze*
en revanche : *al contrario*
performante : *efficiente*

1 Compréhension écrite Répondez aux questions.

1 Pourquoi l'homme mange-t-il de tout ? *Parce que pour lui tout est bon et aussi parce qu'il peut presque tout digérer...*
2 Qu'est-ce qu'il faut faire pour vivre ? ______
3 De quoi on a besoin pour bouger ? ______
4 En quoi les aliments sont-ils transformés ? ______
5 Pourquoi l'homme est-il un « omnivore » ? ______
6 Quel est le rôle du système digestif ? ______
7 Que fait le système digestif avec les substances utiles ? ______
8 Que fait-il avec les substances inutiles ? ______

2 Rédiger une lettre/un mail Votre correspondant doit faire un exposé sur votre pays et vous demande la recette d'un plat typique. Vous lui écrivez et vous lui donnez la recette d'un plat typique de votre région.

______
______
______
______

À savoir

- Une baguette
- Un pot de yaourt
- Un litre de lait
- Une douzaine d'œufs
- Deux tranches de jambon
- Une tablette de chocolat
- Un paquet de biscuits
- Une barquette de fraises
- Un kilo de pommes

3 Production orale Dites ce que vous mangez habituellement au petit-déjeuner, au déjeuner, au goûter, au dîner.

À retenir

L'article partitif

- L'articolo partitivo **du**, **de**, **de l'**, **de la**, **des** è sempre espresso in francese.
- L'articolo partitivo si accorda in genere e numero con il sostantivo a cui si riferisce.

  Je mange du pain avec de la confiture.
- Si mette **de** davanti ad un sostantivo preceduto da un aggettivo qualificativo plurale, nelle frasi negative e dopo gli avverbi di quantità : beaucoup, trop, peu,...

  Je ne mange pas de viande.
  Nous aimons manger de grosses pêches.
  Je bois beaucoup de lait le matin.

4 Choisissez le bon article.

1 Je prends (du) (de) (des) lait au petit-déjeuner.
2 Moi, je ne prends pas (du) (de) (des) thé.
3 Lui, il adore mettre (du) (de la) (des) crème chantilly sur ses fraises.
4 Elle boit (de l') (du) (de la) eau gazeuse.
5 Nous mangeons peu (de) (du) (des) pain au goûter.
6 Ils aiment manger (de) (de la) (des) belles poires.

Aucun vêtement n'est aussi populaire. Mais ce succès ne doit rien au hasard : le jean a de multiples atouts pour plaire à tous.

Au départ, le jean est un simple uniforme de travail. Vers 1850, comme on découvre de l'or en Californie, les aventuriers affluent dans l'Ouest américain avec l'espoir de faire fortune. C'est alors que Levi Strauss, un jeune commerçant, essaie de vendre des toiles de tente. Mais son commerce ne marche pas très fort. Un jour, il a l'idée de tailler ses toiles pour fabriquer des pantalons robustes, larges, confortables, parfaitement adaptés au travail des chercheurs d'or, ses premiers clients. Le jean, si solide, devient ainsi le pantalon préféré de tous les ouvriers. Et grâce à son idée de génie, Levi Strauss meurt … millionnaire !

Le premier secret de la réussite du jean a sans doute été sa solidité, il est aussi facile à entretenir et pas besoin de le repasser. Mais si le jean a un tel succès, c'est aussi parce qu'il peut avoir mille visages différents. Tout le monde en porte un, mais personne ne porte le même ! Chic ou bon marché, slim ou évasé, le jean exprime souvent l'appartenance sociale, les goûts et les valeurs de son propriétaire.

En peu de temps il a conquis le monde entier et aujourd'hui le jean est devenu très populaire même dans les pays où avant il était interdit : Russie et Europe de l'Est. Le seul pays au monde où le jean est quasiment inexistant est la Corée du Nord.

D'après *Okapi*, n° 905

DICO

hasard : *caso*
atouts : *possibilità*
affluent : *affluiscono*
toiles : *tele*
tente : *tenda*
tailler : *tagliare*
chercheurs : *cercatori*
génie : *genio*
réussite : *riuscita*
entretenir : *conservare in buono stato*
repasser : *stirare*
chic : *elegante*
bon marché : *buon mercato*
évasé : *svasato*
valeurs : *valori*
conquis : *conquistato*
quasiment : *quasi*

1 Compréhension écrite **Répondez aux questions.**

1 En quelle année a été inventé le jean ? Par qui a-t-il été inventé ? Et quelle était la profession de l'inventeur ?

Le jean a été inventé en 1850 par ...

2 Que se passe-t-il en 1850 aux États-Unis ? EN 1850 AUX ÉTATS-UNIS, LA CALIFORNIA DÉCOUVRE DE L'OR

3 Le commerce des toiles de tente a-t-il eu du succès ? NON, LE COMMERCHE NE MANCHE PAS TRÈS BIEN

4 Que fait Levi Strauss avec la toile de tente ? IL TAILLE SES TOILES POUR FABRIQUER DES PANTALONS

5 Quelle est la profession de ses premiers clients ? ILS SONT CHERCHEURS D'OR

6 Quel est le premier secret de la réussite de ce vêtement ? C'EST SA SOLIDITÉ

7 Quels sont les différents modèles de ce vêtement ? CHIC, OU BON MARCHÉ, ÉVASÉ ... IL Y A

8 Quels sont les pays où ce vêtement était interdit et dans quel pays on ne le trouve pas encore ? EN LA CORÉE DU NORD

À savoir

• Qu'est-ce que vous désirez ? • Je peux vous conseiller ? • Vous voulez essayer ce... • Vous faites quelle taille ?
• Il me faut du... • Il coûte combien ? • Il coûte... • Il est grand/serré/étroit/large.

2 Compléter un dialogue **Complétez ce dialogue avec les répliques qui manquent.**

● Bonjour madame.
◆ Bonjour mademoiselle.
● *Je voudrais un jean.*
◆ Vous préférez un modèle slim, évasé, élégant, déchiré ?
● ______________________
◆ Voilà le modèle slim et en noir, vous faites quelle taille ?
● ______________________
◆ Je vous donne la taille 40 et vous pouvez l'essayer dans la cabine au fond du magasin.
● ______________________
◆ Vous le prenez alors...
● ______________________
◆ Ça fait 48,90€ mademoiselle.
● ______________________
◆ Vous n'avez pas 50 euros ?
● ______________________
◆ Voilà votre monnaie 51,1€, votre jean et ... merci mademoiselle.

3 Rédiger une lettre/un mail **C'est l'anniversaire d'un copain. Avec vos amis vous avez décidé de lui offrir un jean. C'est vous qui êtes allé acheter le cadeau. Écrivez un mail à vos amis pour confirmer l'achat, n'oubliez pas de décrire le jean et dire le prix.**

Peut-on arrêter de couper les forêts ?

On entend beaucoup parler de déforestation, mais comment se porte la forêt française ? En France, il y a plus de forêt aujourd'hui qu'il y a 200 ans. Elle recouvre un tiers du territoire. C'est une vraie richesse : elle abrite beaucoup d'animaux et de plantes, elle filtre l'eau, protège les sols de l'érosion et stocke même le carbone qui réchauffe la planète !

Comme dans le reste de l'Europe, les arbres des forêts françaises sont jeunes : la plupart ont moins de 200 ans, alors qu'un chêne peut vivre jusqu'à 1 000 ans !

Et l'homme intervient dans presque toutes. En effet dans un arbre, tout sert.

On fait des planches dans la longueur, du papier dans une autre partie et on peut même utiliser les feuilles pour le compost.

Aujourd'hui la production de bois est de plus en plus contrôlée. Les 2 labels PEFC et FSC certifient les forêts. Cela veut dire que si on voit ces labels sur un objet qui a été fabriqué à partir de bois, ce matériau a été récolté sans abîmer la forêt. On peut retrouver les labels sur plein de produits à base de bois : des planches, des meubles, des cahiers,…

PEFC

FSC ©

Pour la forêt, couper un arbre ce n'est pas forcement mauvais. Ce qu'il faut éviter c'est de tout couper d'un coup et de replanter un seul type d'arbre. La forêt est variée, elle ne doit pas devenir un champ d'arbres identiques. Mais il faut savoir aussi que beaucoup d'animaux ou de champignons ont besoin des vieux arbres ou des arbres morts pour vivre. Pour cela il faut exploiter un petit nombre d'arbres et laisser les autres. En tout cas protégeons les forêts !

D'après *Wapiti*, n° 288

DICO

déforestation : *deforestazione*
forêt : *foresta*
abrite : *ospita*
filtre : *filtra*
sols : *terreni*
stocke : *immagazzina*
carbone : *carbonio*
planète : *pianeta (Terra)*
chêne : *quercia*
planches : *tavole*
labels : *marchi*
PEFC : *Programme de reconnaissance des certifications forestières dall'inglese Program for Endorsement of Forest Certification schemes*
FSC : *Conseil de soutien de la forêt dall'inglese Forest Stewardship Council*
abîmer : *distruggere*
replanter : *ripiantare*
champignons : *funghi*
exploiter : *sfruttare*

1 Compréhension écrite Répondez aux questions.

1 Quel mot utilise-t-on quand on coupe les forêts ? *On utilise le mot déforestation.*
2 Quelle surface de territoire recouvre la forêt en France ? ____________________
3 Pourquoi la forêt représente-t-elle une vraie richesse ? ____________________
4 Quel âge ont les arbres des forêts en France ? ____________________
5 Que peut-on faire avec un arbre ? ____________________
6 Quel est le but des deux labels PEFC et FSC ? ____________________
7 Que veulent dire les labels sur les objets ? ____________________
8 Sur quels objets peut-on trouver les labels du PEFC et du FSC ? ____________________
9 Que faut-il éviter de faire dans une forêt ? ____________________
10 À qui sont nécessaires les arbres morts ou les vieux arbres ? ____________________

2 Rédiger un résumé Faites le résumé de ce texte.

____
____
____
____
____

3 Rédiger une lettre/un mail Vous participez à une classe écolo pour la sauvegarde de la forêt. Vous êtes parti avec votre classe. Vous écrivez à vos parents et vous racontez ce que vous faites. Aidez-vous du texte que vous venez de lire.

Dans cette lettre, vous devrez :

- mettre la formule d'appel : *Cher papa, chère maman,...*
- dire où vous êtes : *je suis ...*
- raconter ce que vous faites ou vous avez fait,
- préciser quand vous rentrerez,
- saluer.

L'homme rejette des déchets

Les bouteilles en verre, les boîtes en aluminium, les cartons, les sacs plastiques sont les déchets de notre vie quotidienne. Les usines, l'agriculture, les voitures produisent aussi des déchets. Ils sont rejetés dans des poubelles, dans l'air ou dans l'eau.
Mais comment se débarrasser de ces déchets sans dégrader l'environnement ?

Rejeter des déchets

Nous rejetons de plus en plus de déchets. Plus il y a de gens qui vivent en ville, plus il y a de déchets : en moyenne, un Parisien en jette 540 kg par an et un habitant de la campagne 400 kg par an.

Enfouir les déchets dans le sol

On enfouit parfois les déchets dans un jardin. Certains de ces déchets sont alors lentement détruits par les êtres vivants microscopiques présents dans le sol et sont transformés en compost (une terre riche en éléments minéraux utilisée en agriculture). Mais tous les déchets ne peuvent être détruits de cette manière.

Brûler les déchets

La plupart de nos déchets sont aujourd'hui brûlés. Les ordures ramassées par les camions arrivent dans des usines d'incinération où elles sont brûlées dans de grands fours. La chaleur dégagée est parfois récupérée pour chauffer des appartements ou produire de l'électricité.

Trier et recycler les déchets

Le verre, le plastique, le carton, l'aluminium, le papier peuvent être recyclés, c'est-à-dire transformés pour être réutilisés.
On évite ainsi le gâchis: une tonne de papier recyclé évite d'abattre 17 arbres. Avant de recycler, il faut réaliser le tri des ordures.

DICO

déchets : *rifiuti*
usines : *fabbriche*
poubelles : *pattumiere*
dégrader : *degradare*
environnement : *ambiente*
enfouir : *sotterrare*
détruits : *distrutti*
brûler : *bruciare*
ordures : *immondizie*
ramassées : *raccolte*
incinération : *inceneritore*
fours : *forni*
chaleur : *calore*
dégagée : *sprigionato*
trier : *smistare*
réutilisés : *riutilizzati*
gâchis : *spreco*
tonne : *tonnellata*

1 Compréhension écrite **Répondez aux questions.**

1 De quoi parle le texte ? *Il parle des déchets que l'homme produit.* LES CARTONS ET LES SACS PLASTIQUES
2 Quels sont les principaux déchets de notre vie quotidienne ? LES BOUTEILLES EN VERRE, LES BOITES EN ALLUMINIUM
3 Où met-on ces déchets ? DANS L'AIR OU DANS L'EAU
4 Un habitant de la ville produit-il moins de déchets qu'un habitant de la campagne ? ____________
5 Que peut-on faire des déchets qui ne peuvent pas être détruits dans le sol ? BRÛLER
6 Quels sont les déchets qui peuvent être recyclés ? LE VERRE, LE PLASTIQUE, LE CARTON, LE PAPIER ET L'ALUMINIUM
7 Que veut dire recycler ? RECYCLER VEUT DIRE TRASFOVÉS POUR REUTILISES

2 Rédiger un résumé **Faites le résumé de ce texte.**

____
____
____
____
____
____
____
____
____
____
____

3 Rédiger un dialogue **Rédigez un dialogue selon ce canevas.**

Martin

- Saluta Léa e le chiede perché è venuta in bicicletta a scuola.
- Dice che è una bella cosa, anche lui prova a rispettare l'ambiente.
- Dice che smista i rifiuti e ricicla molte cose.
- Risponde che riutilizza molti oggetti e non li butta subito se sono in buono stato.
- Accetta l'invito e ringrazia.

Léa

- Saluta e risponde che viene tutti i giorni in bicicletta perché fa bene alla salute e non inquina.
- Chiede cosa fa per rispettare l'ambiente.
- Chiede cosa ricicla.
- Dice che questo pomeriggio a scuola c'è una lezione sul riciclaggio alle 16.00. Chiede a Martin se viene.
- Saluta.

Découvrir Paris au fil de la Seine

Les bateaux de Paris organisent des croisières pour les collégiens. Une manière ludique de contempler le cœur de la capitale sous l'un de ses plus beaux points de vue.
Une croisière à ciel ouvert, spécialement réalisée pour les enfants.
Au pied de la tour Eiffel, les jeunes se pressent pour prendre place dans le bateau. Un groupe d'un centre de loisirs du Val-de-Marne est venu découvrir ou redécouvrir la capitale.
Un bateau à ciel ouvert, avec un petit bar à l'arrière qui vend des crêpes, accoste pour les accueillir et un marinier leur donne les consignes de sécurité, avant de partir.
La jeune guide prend son micro : « Avez-vous remarqué dans quel sens coule la Seine ? » dit-elle. Pour les professeurs c'est l'occasion d'expliquer aussi l'importance de cette voie fluviale.

Car on n'est pas tout seul. Sur la Seine il y a des péniches remplies de gravier et de sable qui remontent le fleuve, des bateaux qui sont doublés par des sapeurs-pompiers, de pittoresques maisons flottantes accrochées à ses berges sont transformées en habitations ou en restaurants.

Au bord de ce fleuve se trouvent aussi les monuments les plus emblématiques de la capitale. Car la Seine traverse le cœur de Paris. Ou plutôt l'inverse, explique la guide aux enfants. Paris a été construit au milieu de la Seine, ses îles étaient les premières habitées, parce qu'on faisait plein de choses avec ses eaux : on y circulait, on y lavait le linge, on s'y lavait soi-même, et même on la buvait !

D'après *www.la-croix.com*

DICO

croisières : *crociere*
centre de loisirs : *centro di divertimento*
marinier : *marinaio*
consignes : *istruzioni*
sens : *senso*
voie fluviale : *via fluviale*
péniches : *chiatte*
gravier : *ghiaia*
sable : *sabbia*
sapeurs-pompiers : *pompieri*
flottantes : *galleggianti*
accrochées : *agganciate*
berges : *argini*
emblématiques : *emblematici*
linge : *biancheria*

1 Compréhension écrite Répondez aux questions.

1 Que peuvent faire les collégiens pour visiter Paris ? *Ils peuvent faire des croisières.*
2 Quelle est la description de ce bateau ? ____________________
3 Qui donne des consignes de sécurité aux jeunes ? ____________________
4 Qui utilise la Seine ? ____________________
5 À quoi sont comparés les bateaux accrochés aux berges du fleuve ? ____________________
6 Qu'est-ce qu'il y a sur la Seine ? ____________________
7 Quelles sont les zones de Paris qui ont été les premières habitées ? ____________________
8 À quoi servaient autrefois les eaux du fleuve ? ____________________

2 Rédiger une lettre/un mail Vous êtes en France, à Paris, et vous écrivez à votre correspondant pour lui raconter votre séjour dans cette ville. Aidez-vous des photos ci-dessous.

Dans cette lettre, vous devrez :
- dire dans quelle ville vous vous trouvez,
- parler de ce que vous avez vu et ce que vous avez fait ou ferez,
- envoyer vos bonnes pensées,
- saluer amicalement.

Bienvenue au Cambodge

Le Cambodge est un pays situé en Asie du Sud Est. On y trouve de grandes étendues de cocotiers qui se mêlent à la jungle et aux rizières.

L'école est obligatoire à partir de 6 ans. Les journées de classe durent 4 heures, le matin de 7h00 à 11h00 ou l'après-midi de 13h00 à 17h00. Suivant le mois, les écoliers ont classe le matin ou l'après-midi du lundi au samedi.
Après l'école, les enfants aident beaucoup leurs parents au travail dans les champs, ou vendent de petits objets fabriqués par la famille. Ils ont aussi des temps de repos où ils en profitent pour jouer, regarder la télévision et faire leurs devoirs.
Pendant les trois premières années de classe, les écoliers apprennent uniquement les mathématiques et le khmer (leur langue maternelle). Les matières telles que l'histoire et la géographie seront enseignées les années suivantes. Le port de l'uniforme est obligatoire, comme dans tous les pays d'Asie. Il se compose d'une chemise blanche et d'un short ou d'un pantalon bleu. Pour se chausser, ils portent bien souvent des tongs ou ...restent pieds nus !
Il peut faire parfois tellement chaud au Cambodge que les écoles sont construites autour d'un bel arbre en forme de parapluie, ce qui permet d'avoir de l'ombre dans la cour de récréation !
Les écoliers profitent du dimanche pour jouer à des jeux de rues ou préparent leur spectacle de danse pour la fin de l'année...

Un repas typique cambodgien se compose d'une soupe de riz et d'une salade en entrée, d'un plat principal à base de poisson d'eau douce accompagné de légumes et de riz et comme dessert des fruits frais découpés.

D'après *Récré Azur*, n° 14

DICO

étendues : *distese*
cocotiers : *palma da cocco*
mêlent : *mescolano*
rizières : *risaie*
uniforme : *uniforme*
tongs : *infradito (tipo di calzatura)*
parapluie : *ombrello*

1 Compréhension écrite **Répondez aux questions.**

1 Dans quel continent se trouve le pays dont on parle dans le texte ? *Le Cambodge se trouve en Asie.*
2 Qu'est-ce qu'il y a dans les grandes étendues du Cambodge ? ______
3 Comment appelle-t-on les étendues où est cultivé le riz ? ______
4 Quel est le rythme scolaire des écoliers et pourquoi un tel rythme ? ______
5 Quelle est la langue de ces écoliers ? ______
6 Quelles sont les matières enseignées les trois premières années ? ______
7 Comment sont habillés les écoliers pour aller à l'école ? ______
8 Quelle est la caractéristique de leur école ? ______
9 Que font-ils quand ils ne vont pas à l'école ? ______
10 Quel est leur repas type ? ______

À savoir

- Il fait chaud/lourd/doux/froid.
- Il fait bon/mauvais/beau.
- Il fait un temps splendide/épouvantable.
- Il y a du vent/du brouillard.
- Il pleut/il tonne/il gèle/il neige/il grêle.
- Le ciel est clair/limpide/nuageux/couvert.
- Il va pleuvoir/il va neiger.

2 Rédiger une lettre/un mail **Pour la première fois, vous passez vos vacances à l' étranger. Vous écrivez un mail à votre copain, vous lui parlez du temps qu'il fait et de ce que vous faites.**

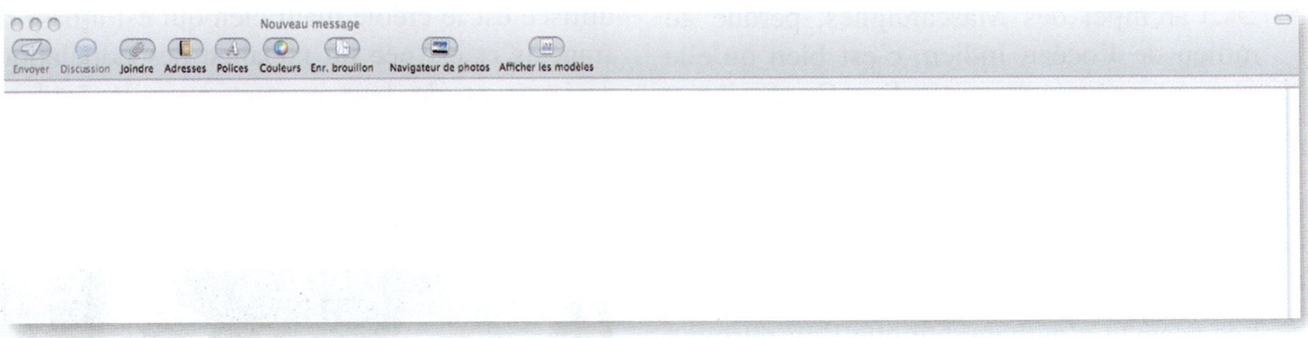

À vous de jouer

Associez chaque expression à son dessin. Après essayez de trouver la traduction en italien.

A

B

C

1 ☐ Il pleut des cordes. ______
2 ☐ Il fait un froid de canard. ______
3 ☐ Il fait un temps de chien. ______

île Maurice, la bonne raison d'y aller

Carnet de route

Y aller : Air Mauritus au départ de Paris
Vols directs de nuit. Forfait vol A/R 9 jours, 7 nuits, en chambre double à partir de 1 900 à 2 100€ selon l'hôtel et la période.

Pratique

- Passeport valide.
- Le décalage horaire avec la France est de 3h en plus.
- Monnaie : la roupie.

Indiens, Chinois, Français, Anglais… Si tous sont venus ici, sur cette île de l'archipel des Mascareignes, perdue au milieu de l'océan Indien, c'est bien qu'elle a quelque chose de particulier. Certes, il y a la carte postale : sable blanc, mer turquoise, palmiers et autres arbres les pieds dans l'eau, couchers de soleil aux couleurs magiques et montagnes. La nature y a construit un théâtre de rêve. Mais ce n'est pas tout.

Les accents d'authenticité que l'on retrouve dans le sud de l'île en sont une illustration. Ici, il y a un état d'esprit. Malgré la précarité dans laquelle certains vivent, les habitants sont aimables et généreux. La population locale est composée de pêcheurs, paysans, bûcherons et ouvriers. Le mélange est présent partout dans la culture comme dans les assiettes.

Dans l'île Maurice on parle un grand nombre de langues mais la seule véritablement comprise et utilisée est le créole mauricien qui est à base de français et est née du mélange des populations esclaves et de leur contact avec les colons. L'enseignement se fait en anglais mais les actes notariés et la presse s'expriment en français.

D'après *Nice-Matin*, n° 23383

DICO

forfait : *pacchetto*
décalage horaire : *differenza di fuso orario*
archipel : *arcipelago*
sable : *sabbia*
palmiers : *palme*
théâtre : *teatro*
rêve : *sogno*
accents : *accenti*
authenticité : *autenticità*
précarité : *precarietà*
pêcheurs : *pescatori*
paysans : *contadini*
bûcherons : *boscaioli*
mélange : *varietà/incrocio*
esclaves : *schiavi*
colons : *coloni*
actes notariés : *atti notarili*

1 Compréhension écrite Répondez aux questions.

1 Où est située cette île ? *Au milieu de l'océan Indien.*
2 Par qui a-t-elle été peuplée ? ______
3 Qu'est-ce qui la rend particulière ? ______
4 Quelles sont les principales professions exercées par les habitants de l'île ? ______
5 L'heure est-elle la même que celle de Paris ? ______
6 L'Euro est-elle la monnaie locale ? ______
7 La culture est-elle une culture variée ? ______
8 Y a-t-il une langue mauricienne ? ______

À savoir

- Il fait chaud/lourd/doux/froid.
- Il fait bon/mauvais/beau.
- Il fait un temps splendide/épouvantable.
- Il y a du vent/du brouillard.
- Il pleut/il tonne/il gèle/il neige/il grêle.
- Le ciel est clair/limpide/nuageux/couvert.
- Il va pleuvoir/il va neiger.

2 Compléter un dialogue Complétez ce dialogue avec les répliques qui manquent.

● Salut ! Alors tu es rentré de vacances ?
◆ ______
● Où es-tu allé ?
◆ ______
● À l'île Maurice ? Génial… Raconte, c'est comment ?
◆ ______
● Et qu'est-ce que tu as fait ?
◆ ______
● Moi, je ne suis pas partie, j'ai passé une semaine chez mes grands-parents à la campagne….
◆ ______
● Moi aussi j'adore la campagne et les animaux… Maintenant que tu es rentré on pourrait aller à la piscine ensemble un jour ?
◆ ______
● Oui, c'est le 06 73 25 56 67. J'attends ton appel alors ! Salut !
◆ ______

3 Rédiger une lettre/un mail Vous êtes en vacances au bord de mer et vous écrivez une lettre à vos amis français. Vous leur dites comment vous passez vos journées.

1 Activités orales

1 Habites-tu une ville ou un village ? Décris-la/le.

2 Quels sont les principaux lieux publics que l'on trouve dans une ville ou un village ?

3 Quel est le bâtiment de ta ville ou de ton village que tu préfères ? Décris-le.

4 Est-ce qu'il t'arrive de sortir seul dans ta ville ou ton village ? Où vas-tu et pour quoi faire ?

5 Quels sont les magasins que l'on trouve dans une ville ou qu'il y a dans ton village ?

6 Préfères-tu habiter une ville ou un village et pourquoi ?

7 Comment appelle-t-on les principales voies de communication qu'il y a dans une ville ?

8 Quels sont les principaux moyens de transport qu'on peut utiliser en ville ?

9 Y a-t-il près de chez toi une ville plus grande que la tienne ? Est-ce que tu y vas et pour quoi faire ?

10 Quelles indications donnes-tu pour aller de ton collège à un lieu de la ville que tu choisis ?

1 Habites-tu un appartement ou une maison ? Comment est-il/elle ?

2 Où est situé(e) cet appartement/cette maison ?

3 As-tu un jardin ? Qu'est-ce que c'est pour toi un beau jardin ?

4 Combien de pièces y a-t-il et quelles sont ces pièces ?

5 Pourrais-tu décrire ta chambre ?

6 Qu'est-ce que tu fais dans ta chambre quand tu n'y dors pas ?

7 Choisis une pièce de ton habitation (cuisine, salon,...). Comment est meublée cette pièce ?

8 Quelle est la pièce de la maison que tu préfères et pourquoi ?

9 Peux-tu décrire la maison de tes rêves ?

10 Que fais-tu pour aider tes parents dans les travaux ménagers ?

Activités orales

1 Veux-tu présenter ta famille ?
2 Quel rapport as-tu avec tes parents ? Passes-tu de bons moments avec eux ?
3 As-tu un bon rapport avec tes frères/sœurs ou cousins/es ?
4 As-tu tes grands-parents ? Du côté paternel ou maternel ? Les vois-tu souvent ?
5 Tes parents ont-ils des frères et/ou des sœurs ?
6 As-tu des cousins ? De qui sont-ils les enfants ?
7 Avez-vous l'occasion de vous retrouver tous en famille ? Quand ? Que faites-vous ensemble ?
8 Aimes-tu les repas de famille ? Comment les trouves-tu ?
9 Quel rapport entretiens-tu avec tes grands-parents ?
10 Sont-ils plus ou moins sévères que tes parents ?
11 Tes grands-parents (ou tes parents) aiment-ils te raconter leur « époque » ?
12 L'ensemble de tes parents proches ou éloignés habitent-ils près de chez toi ou dans une autre région ou pays ?

1 Peux-tu décrire ton meilleur ami ?
2 Depuis quand êtes-vous devenus amis et comment vous êtes-vous rencontrés ?
3 Vois-tu souvent cet ami et même s'il habite près de chez toi, vous téléphonez-vous et pourquoi ?
4 Quelles sont les qualités de cet ami ?
5 Quels sont ses défauts ?
6 Est-ce que tes parents connaissent tes amis ? Viennent-ils chez toi ?
7 As-tu des amis qui vivent loin de chez toi. Comment entretiens-tu cette amitié ? (lettre, téléphone,...)
8 Que fais-tu avec tes amis ?
9 As-tu eu besoin du soutien moral d'un ami ? Dans quelle occasion ?
10 Souhaites-tu avoir de nouveaux amis ?

Activités orales

1 Quel moyen de transport utilises-tu pour aller à l'école ?
2 Quelles sont les matières scolaires que tu étudies ?
3 Quelles sont tes matières préférées ?
4 Quel matériel scolaire le collégien doit-il avoir pour travailler ?
5 Quelle est la profession des adultes qui travaillent dans un établissement scolaire ?
6 Quelles sont les différentes pièces qu'il y a dans un collège ?
7 Quel est l'horaire habituel d'une journée de classe ?
8 Combien dure la récréation ? Où vas-tu et que fais-tu pendant cette pause ?
9 Peux-tu décrire une journée d'école que tu aimes bien en précisant les horaires ?
10 Quels sont les jours de la semaine où tu ne vas pas au collège ?
11 Qu'est-ce que tu fais quand tu ne vas pas à l'école ?
12 Quand commencent les grandes vacances ? Combien de temps durent-elles ? Auras-tu des devoirs à faire pendant cette période ?

1 À quelle heure prends-tu tes principaux repas ?
2 Prends-tu toujours tes repas avec ta famille ?
3 Combien de temps restes-tu à table ? Est-ce que la télévision est allumée et pourquoi ?
4 Que prends-tu au petit-déjeuner ? Au déjeuner et au dîner ?
5 Quel est ton plat préféré ? Connais-tu sa recette ?
6 Quels sont les aliments que tu n'aimes pas ?
7 Préfères-tu les aliments sucrés ou salés ? Et lesquels ?
8 Manges-tu souvent des gâteaux ? Et à quelle(s) occasion(s) ?
9 Quel est le gâteau traditionnel de ta région pour Noël et pour Pâques ?
10 Quels sont les fruits que tu manges les plus volontiers ?
11 Aimes-tu tous les légumes ? Lesquels ne te plaisent pas ?
12 Est-ce que tous les jeunes aiment la pizza ? Quel type de pizza aimes-tu ? Quels sont les ingrédients qui sont nécessaires à sa préparation ?

1 Est-ce que tu aimes le sport et quel sport fais-tu ?
2 Depuis quand fais-tu du sport et en fais-tu régulièrement ?
3 Aimes-tu le sport individuel ou d'équipe ?
4 Tes camarades de classe pratiquent-ils un sport ? Lequel ?
5 Est-ce que le lieu où tu habites te permet de pratiquer de nombreux sports et pourquoi ?
6 Y a-t-il des saisons qui te permettent de pratiquer des sports différents ?
7 Qui t'a fait aimer le sport que tu pratiques ?
8 Quel est le sport que tu n'aimes pas et pourquoi ?
9 Voudrais-tu pratiquer un sport que tu n'as pas encore pu pratiquer ?
10 Fais-tu partie d'un club sportif ?

1 Où passes-tu les vacances ?
2 Préfères-tu la mer ou la montagne et pourquoi ?
3 Avec qui pars-tu et comment voyages-tu pour rejoindre la localité de vacances ?
4 Où séjournes-tu ? (dans la famille, dans un hôtel, un camping ou dans un appartement en location)
5 En quelle saison et mois pars-tu et combien de temps y restes-tu ?
6 Aimes-tu cette localité et pourquoi ?
7 Vas-tu toujours au même endroit ou changes-tu chaque année ?
8 Pratiques-tu un sport que tu ne peux faire qu'en vacances ?
9 Préfères-tu rester dans la localité choisie pour les vacances ou visiter les alentours ?
10 Quand tu pars en vacances que mets-tu dans ta valise ?
11 Peux-tu raconter une belle journée passée lors de tes dernières vacances ?
12 Consacres-tu du temps à tes devoirs de vacances ou les fais-tu quand tu retournes à la maison ?

Activités orales

1 Comment occupes-tu ton temps libre ?

2 Qu'est-ce que tu fais le dimanche ? As-tu des loisirs ?

3 Tes camarades de classe ont-ils des loisirs différents des tiens ?

4 Aimes-tu les jeux de société ? À quoi joues-tu et avec qui ?

5 Est-ce que le lieu où tu habites te permet de pratiquer de nombreux loisirs et pourquoi ?

6 Y a-t-il des saisons qui te permettent de pratiquer des loisirs différents ?

7 Y a-t-il un loisir que tu aimerais pratiquer mais que tu ne peux pas pratiquer à cause de son coût ?

8 La lecture a-t-elle une place dans les loisirs des jeunes d'aujourd'hui ?

9 Peux-tu énumérer les loisirs qui occupent principalement le temps libre des jeunes garçons et filles ?

10 Tes loisirs sont-ils les mêmes que ceux que pratiquaient tes parents ?

1 Comment es-tu habillé(e) aujourd'hui ?
2 Est-que tu t'habilles de façon différente pour assister à une fête (anniversaire, mariage) ? Que mets-tu ?
3 Quelle est ta tenue idéale en été ?
4 Quels sont les vêtements, chaussures et accessoires à utiliser en cas de pluie ?
5 Que mets-tu dans ta valise si tu pars une semaine en hiver pour aller skier à la montagne ?
6 Qu'est-ce qu'il y a comme vêtement dans l'armoire d'une fille ou d'un garçon ?
7 Quelles sont tes couleurs préférées et quelles sont les couleurs à la mode cette année ?
8 Est-il important pour toi de suivre la mode et la suis-tu ?
9 Comment te fais-tu une idée de la mode ? Lis-tu des magazines de mode ou regardes-tu des pages internet dédiées à la mode ?
10 Quels sont les accessoires que tu aimes bien porter ? En quels matériaux sont-ils ?
11 Choisis-tu tes vêtements seul(e) ou es-tu conseillé(e) par ta maman ou quelqu'un d'autre ?
12 Aimes-tu les bijoux ? Lesquels ?

La Côte d'Ivoire

La Côte d'Ivoire est un pays d'Afrique de l'Ouest. Elle a pour capitale la ville d'Abidjan et pour langue officielle le français.
C'est une ancienne colonie française avec une économie basée essentiellement sur la production du café et du cacao.
En Côte d'Ivoire, de nombreux enfants travaillent dans la **culture** du cacao, avec lequel on fabrique le chocolat. Beaucoup ne peuvent donc pas aller à l'école.

Avec sa famille Salimata, qui a 6 ans, travaille aux champs. Elle **cueille parfois** les cabosses, les fruits contenant les fèves de cacao. Avec une **machette**, elle les ouvre. Elle transporte ensuite les **fèves** dans un panier et elle **nettoie** le champ.
Les fèves sèchent au soleil. Elles sont ensuite mises en sac et apportées à des groupes d'agriculteurs qui les vendront le plus souvent à l'étranger.
Le cacao rapporte beaucoup d'argent aux grosses entreprises européennes et américaines qui vendent du chocolat. Il enrichit aussi des entreprises en Côte d'Ivoire.
Comme beaucoup d'enfants ivoiriens, Salimata n'a jamais mangé de chocolat.
Elle souhaite aller à l'école mais ses parents ne veulent pas. Son père dit qu'il n'a pas assez d'argent pour employer un adulte. Il fait donc travailler ses enfants. « C'est normal qu'ils aident, affirme-t-il, en plus, ils apprennent un métier. »

Kouadio, âgé de 14 ans, travaille pour son oncle. D'autres ados viennent des pays voisins plus pauvres, ils vivent donc loin de leur famille. Ils travaillent beaucoup et gagnent peu d'argent. Mais **ils ont fui** une si grande **pauvreté** que, souvent, ils ne veulent pas repartir.

D'après *Nice-Matin*, n° 23382

DICO

culture : *coltivazione*
cueille : *raccoglie*
parfois : *a volte*
machette : *macete*
fèves : *fave*
nettoie : *pulisce*
ils ont fui : *sono fuggiti*
pauvreté : *povertà*

Dopo aver letto il testo rispondi alle domande scegliendo la risposta esatta.

1 La Côte d'Ivoire est un pays
A Asiatique.
B Africain.
C Australien.
D Américain.

2 Ce pays est
A encore une colonie française.
B un pays d'outre-mer.
C un territoire français.
D une ancienne colonie française.

3 Sa principale culture est
A l'ananas.
B la noix de coco.
C le cacao.
D la banane.

4 Le fruit de l'arbre de cacao s'appelle
A la cabosse.
B le carrosse.
C le cacaotier.
D la fève.

5 Avant de vendre les fèves, il faut
A les mettre dans l'eau.
B les mettre au soleil.
C les mettre dans une cave.
D les mettre dans un four.

6 Les jeunes ivoiriens
A connaissent le goût du chocolat.
B connaissent le goût des fèves.
C ne connaissent pas le goût du chocolat.
D ne connaissent pas le goût des fèves.

7 Salimata
A travaille pour aider ses parents.
B va à l'école.
C travaille pour son oncle.
D travaille dans un pays voisin.

8 Le père de Salimata emploie
A des adultes.
B ses enfants.
C sa femme.
D son frère.

9 Selon le père les ados doivent travailler pour
A apprendre une langue.
B apprendre un métier.
C apprendre à communiquer.
D apprendre une technique.

10 Les ados ivoiriens
A travaillent peu et gagnent beaucoup.
B travaillent beaucoup et gagnent peu.
C ne travaillent jamais et ne gagnent rien.
D travaillent tout le temps et gagnent beaucoup.

Sismos à l'école

Des **sismomètres** dans les collèges et lycées français, voilà le principe du programme éducatif « Sismos à l'école ».
Des élèves de 13 à 18 ans (du collège au lycée) sont chargés d'installer, dans leur établissement, un **capteur sismique** pour se sensibiliser aux risques naturels et de contribuer ainsi à se responsabiliser **en tant que** futurs citoyens. Mais, ce projet est aussi un **réseau** d'enseignants et de chercheurs motivés pour transmettre aux élèves leur goût des sciences. Les données collectées, grâce aux **capteurs numériques**, via un site internet, permettent de réaliser de nombreuses activités comme la localisation d'un **séisme**. Elles sont également utiles pour la recherche.

Les sismomètres sont des appareils de mesure très sensibles qui enregistrent les moindres vibrations du sol. Ils peuvent bien sûr enregistrer les vibrations créées par un camion qui passe, mais ils peuvent aussi enregistrer les vibrations beaucoup plus **faibles** causées par des tremblements de Terre, même s'ils sont très lointains : un séisme assez gros, par exemple de **magnitude** 7, qui a lieu au Japon pourra être enregistré (sans être ressenti par les humains) partout dans le monde.
Il y a des centaines de sismomètres dans le monde. La plupart sont installés par des chercheurs qui récupèrent les **signaux** appelés des sismogrammes pour les analyser et les comprendre. Suite à ce projet il y en a aussi dans des collèges et lycées en France et à l'étranger. Ce réseau de sismologie éducative est le plus étendu d'Europe.
Il comprend aujourd'hui 65 stations. L'idée de mettre un capteur sismologique dans certaines écoles en France date de presque 15 ans.

D'après *Azur*, n° 14

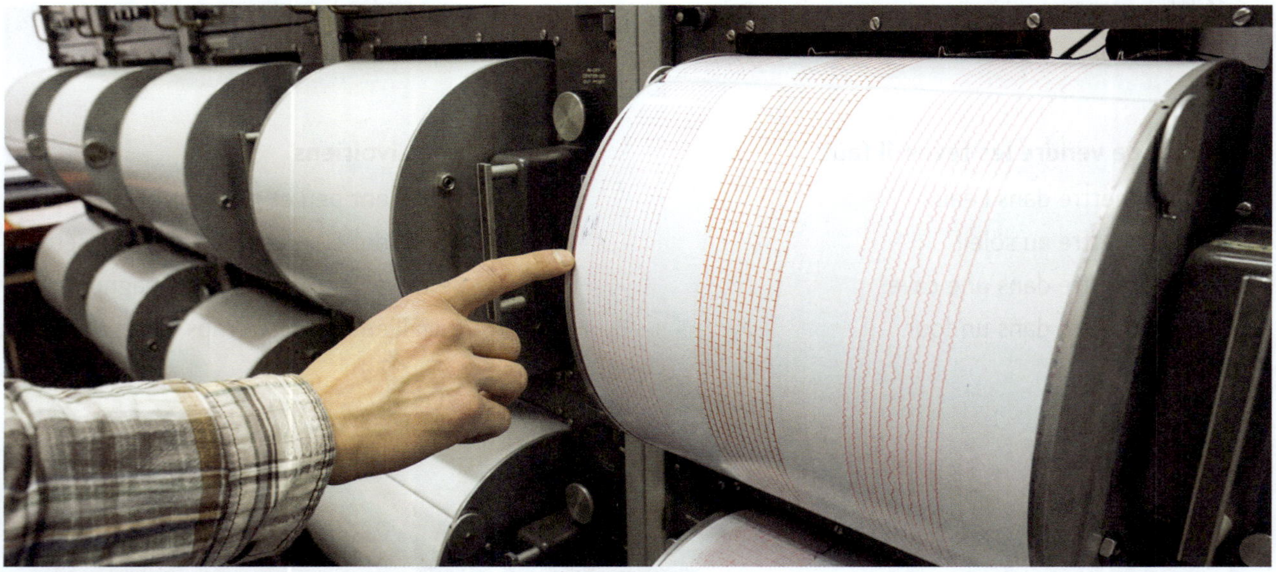

DICO

sismomètres : *sismometri*
capteur sismique : *rilevatore sismico*
en tant que : *in quanto*
réseau : *rete*
capteurs numériques : *rilevatori digitali*
séisme : *sisma*
faibles : *deboli*
magnitude : *magnitudo*
signaux : *segnali*

Dopo aver letto il testo rispondi alle domande scegliendo la risposta esatta.

1 Le sujet du texte est
A le tremblement de terre.
B un programme éducatif.
C un site internet.
D une école française.

2 *Sismos* est le nom d'un
A réseau éducatif de sismologie.
B collège français.
C catalogue des tremblements de terre.
D capteur sismologique.

3 Ce réseau est accessible
A aux enseignants.
B aux élèves.
C aux chercheurs.
D aux enseignants, chercheurs et élèves.

4 Ce réseau permet de
A sensibiliser et responsabiliser les ados.
B sensibiliser et intéresser les ados.
C fasciner les ados.
D impressionner les ados.

5 L'utilisation de ce réseau développe chez les jeunes
A le goût de la géographie.
B le goût de l'informatique.
C le goût des sciences.
D le goût de la technologie.

6 Les capteurs numériques permettent de
A localiser un volcan.
B localiser un séisme.
C localiser un ouragan.
D localiser une inondation.

7 Le sismomètre est un appareil
A qui enregistre les vibrations du sol.
B qui mesure la température du sol.
C qui mesure la distance entre deux volcans.
D qui mesure la force du vent.

8 La vibration du sol est appelée
A ouragan.
B tremblement de terre.
C inondation.
D avalanche.

9 Ce réseau est étendu
A en Europe.
B seulement en France.
C seulement en Italie.
D dans les zones à risque.

10 En France il y a
A 7 stations.
B 15 stations.
C 65 gares.
D 65 stations.

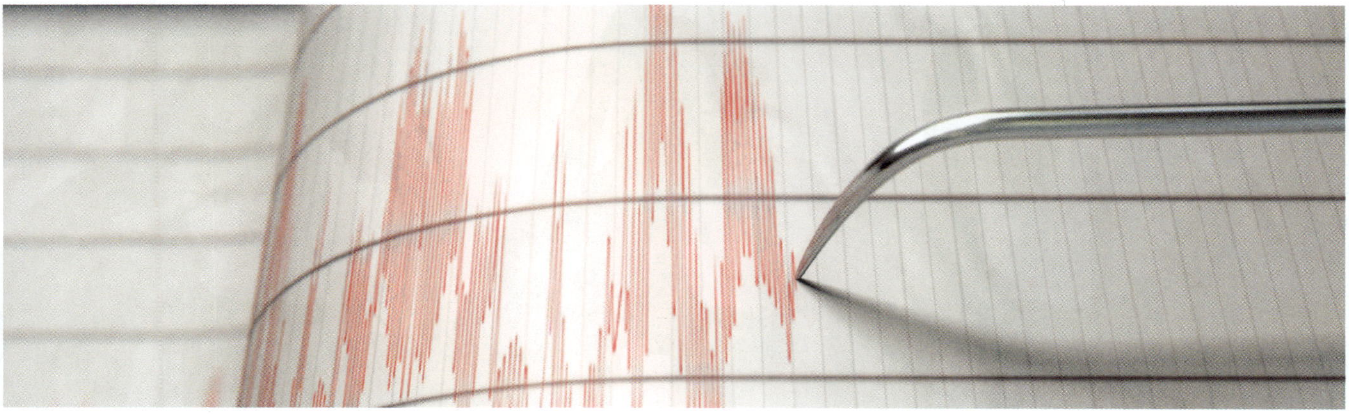

1 Révision de grammaire

Scegli la risposta giusta segnandola con una crocetta.

1 Qu'est-ce que c'est ?

A Oui, un sac.
B C'est un sac.
C Il est un sac.
D Elle est un sac.

2 Qui est-ce ?

A C'est Léa.
B Est Léa.
C Elle est Léa.
D Il est Léa.

3 Où vas-tu ?

A Je vais à cinéma.
B Je vais à le cinéma.
C Je vais en cinéma.
D Je vais au cinéma.

4 Est-ce qu'il y a des devoirs à faire ?

A Non, il n'a pas de devoirs.
B Non, il n'y a pas de devoirs.
C Non, il n'a pas les devoirs.
D Non, il n'a pas des devoirs.

5 Qu'est-ce que tu as mangé aujourd'hui ?

A J'ai mangé de viande et fromage.
B J'ai mangé viande et fromage.
C J'ai mangé de la viande et du fromage.
D J'ai mangé du viande et du fromage.

6 J'ai rencontré

A mon professeur de français.
B le mon professeur de français.
C le ma professeur de français.
D mes professeur de français.

7 Donne-moi…

A cet adresse.
B ces adresse.
C cette adresse.
D c'adresse.

8 Septembre est le cinquième mois de l'année ?

A Non, c'est le neuf.
B Non, c'est le dixième.
C Non, c'est le neufième.
D Non, c'est le neuvième.

9 Est-ce qu'il est rentré du collège ?

A Non, il est pas rentré.
B Non, il n'est rentré pas.
C Non, il n'est pas rentré.
D Non, n'il pas rentré.

10 Qu'est-ce qu'il prend ?

A Il fait une douche.
B Prends une douche.
C Il prend une douche.
D Il prende une douche.

Révision de grammaire 2

Scegli la risposta giusta segnandola con una crocetta.

1 Qui as-tu rencontré ?

- A J'ai rencontré un fille.
- B J'ai rencontré une fille.
- C J'ai rencontré de fille.
- D J'ai rencontré des fille.

2 Où est Julie ?

- A Mon amie Julie est partie hier.
- B Ma amie Julie est partie hier.
- C Ta amie Julie est partie hier.
- D Mes amie Julie est partie hier.

3 Où vas-tu ?

- A Je vais en vacances en Espagne.
- B Je vais en vacances à le Espagne.
- C Je vais en vacances à Espagne.
- D Je vais en vacances au Espagne.

4 Qu'est-ce qu'il y a sur le bureau ?

- A C'est un ordinateur sur le bureau.
- B Il y a un ordinateur sur le bureau.
- C Il a un ordinateur sur le bureau.
- D Il est un ordinateur sur le bureau.

5 Quelle heure est-il ?

- A Il sont les trois heures dix.
- B Il est trois heures et dix.
- C Il est trois heures dix.
- D Sont trois heures dix minutes.

6 Est-ce que la voiture arrive ?

- A Je ne vois pas des voitures.
- B Je ne vois pas un voiture.
- C Je ne vois pas voitures.
- D Je ne vois pas de voitures.

7 Comment est le film ?

- A Le film qui j'ai vu est intéressant.
- B Le film que j'ai vu est intéressant.
- C Le film qu'ai vu est intéressant.
- D Le film où j'ai vu est intéressant.

8 Qu'est-ce que vous achetez ?

- A Nous achetez un livre.
- B Nous achètons un livre.
- C Nous achetons un livre.
- D Nous achétons un livre.

9 Quel est son nom ?

- A Il s'appelles Durand.
- B Il s'appele Durand.
- C Il s'appelle Durand.
- D Il m'appelle Durand.

10 Qu'est-ce qu'il fera demain ?

- A Il va partir en vacances.
- B Il vient de partir en vacances.
- C Il est en train de partir en vacances.
- D Il partir en vacances.

2 Scienze: La piramide alimentare

1 Italiano: Il linguaggio della pubblicità

3 Tecnologia: La lettura delle etichette

L'alimentazione e la pubblicità

5 Seconda lingua comunitaria: Le abitudini alimentari francesi

4 Arte e immagine: Analisi e lettura dell'immagine pubblicitaria

Il Vietnam ieri e oggi

1 Italiano: Oriana Fallaci, *Niente e così sia*

2 Storia: La guerra del Vietnam

3 Geografia: L'Asia

4 Scienze: L'uso delle nuove armi chimiche e le conseguenze sull'ambiente

5 Tecnologia: Il napalm

6 Arte e immagine: Il Buddha dai mille occhi e dalle mille braccia, i templi buddisti, ...

7 Seconda lingua comunitaria: La Francofonia

8 Musica: *C'era un ragazzo* di Gianni Morandi

9 Scienze motorie e sportive : Il Viet Vo Dao

L'intolleranza

1 Italiano: Tahar Ben Jelloun, *Il razzismo spiegato a mia figlia*

2 Storia: L'indipendenza dell'Africa

3 Geografia: L'Africa

4 Cittadinanza e costituzione: Amnesty International

5 Arte e immagine: L'arte africana

6 Seconda lingua comunitaria: Le colonie francesi in Africa

7 Musica: Khaled e la musica "raï"

Proteggiamo la Terra

1 Italiano: La questione del disastro di Seveso sulla stampa dell'epoca

2 Geografia: Lo sviluppo sostenibile

3 Scienze: La diossina e l'inquinamento odierno nelle sue varie forme

4 Tecnologia: I gas inquinanti

5 Arte e immagine: Gli eco artisti

6 Seconda lingua comunitaria: La canzone *Respire* di Mickey 3d

7 Musica: Le canzoni sull'ambiente di Adriano Celentano, Jovanotti, Laura Pausini, Gianna Nannini, Franco Battiato, ...

Compréhension de l'oral

25 points

🔊 1.44 EXERCICE 1

7 points

Vous allez entendre 2 fois un document. Vous avez 30 secondes de pause entre les 2 écoutes puis 30 secondes pour vérifier vos réponses. Lisez d'abord les questions.
Pour répondre aux questions cochez [*X*] la bonne réponse ou écrivez l'information demandée.

1 La fête a lieu — 2 points

a ☐ chez les parents de Louis.
b ☐ chez les grands-parents de Stéphanie.
c ☐ chez les grands-parents de Louis.

2 La couleur dominante de la fête doit être — 2 points

a ☐ le rouge.
b ☐ le jaune.
c ☐ le rose.

3 À quelle heure est fixé le rendez-vous ? — 2 points

a ☐ à 7 heures.
b ☐ à dix-neuf heures trente.
c ☐ à dix-sept heures trente.

4 Le texto est à envoyer au 06 58 45 _____ — 1 point

🔊 1.45 EXERCICE 2

6 points

Vous allez entendre 2 fois un document. Vous avez 30 secondes de pause entre les 2 écoutes puis 30 secondes pour vérifier vos réponses. Lisez d'abord les questions.

1 Ce sont des températures — 2 points

a ☐ d'été.
b ☐ d'hiver.
c ☐ d'automne.

2 La météo annonce — 2 points

a ☐ de la neige.
b ☐ de la pluie.
c ☐ de la grêle.

3 Le vent est supérieur — 2 points

a ☐ à 100 km/h.
b ☐ à 5 km/h.
c ☐ à 105 km/h.

1.46 EXERCICE 3

12 points

Vous allez entendre plusieurs petits dialogues correspondant à des situations différentes. Vous avez 15 secondes de pause après chaque dialogue. Puis, vous allez entendre à nouveau les dialogues pour compléter vos réponses. Lisez d'abord les questions.
Associez chaque situation à un dialogue. Pour chaque situation, cochez [*X*] la bonne réponse.

Situation 1

Qui parle ? 2 points

a ☐ Deux amies.
b ☐ Une vendeuse et une cliente.
c ☐ Une mère et sa fille.
d ☐ Une grand-mère et sa petite fille.

Situation 2

Où ils/elles sont ? 2 points

a ☐ Dans le bus.
b ☐ À la maison.
c ☐ À l'école.
d ☐ À la gare.

Situation 3

Quel est le jour de fermeture du cabinet ? 2 points

a ☐ Le mercredi.
b ☐ Le lundi.
c ☐ Le jeudi.
d ☐ Le samedi.

Situation 4

Qu'est-ce qu'on demande ? 2 points

a ☐ Une adresse de restaurant.
b ☐ Une idée de cadeau
c ☐ La date de l'anniversaire.
d ☐ De l'argent pour le cadeau.

Situation 5

On réserve pour quand ? 2 points

a ☐ Le samedi pour tous.
b ☐ Le samedi pour un groupe.
c ☐ Le jeudi pour un groupe.
d ☐ Le mardi pour tous.

Situation 6

Il appelle d'où ? 2 points

a ☐ De l'école de dessin.
b ☐ De chez le médecin.
c ☐ De chez lui.
d ☐ Du lycée .

Compréhension des écrits

25 points

EXERCICE 1

5 points

Lisez l'affiche et répondez aux questions.

12ème Famillathon dans toute la France

Mais qu'est-ce que c'est le Famillathon ?
C'est la journée du sport en famille.
Tu peux tester des sports incroyables avec ta petite sœur, ton grand-père, ta tante...

Quand ? Du 17 au 25 septembre, dans toute la France à des jours différents selon la localité.

Ça coûte cher ? C'est gratuit

Comment ça se passe ? De nombreux professeurs sont présents toute une journée pour faire découvrir aux petits et aux grands des activités en plein air !

Alors pas de prétexte, fais du sport !

1 Famillathon te propose — 1 point
- a ☐ des sports gratuits.
- b ☐ des sports payants.
- c ☐ des sports à prix réduits.

2 Le sport se pratique avec — 1 point
- a ☐ des artistes.
- b ☐ des professeurs.
- c ☐ des champions.

3 Cette journée intéresse — 1 point
- a ☐ les enfants.
- b ☐ les adultes.
- c ☐ les adultes et les enfants.

4 Cet événement a lieu du ____________________ au ____________________ — 1 point

5 Cette manifestation existe depuis — 1 point
- a ☐ 25 ans.
- b ☐ 12 ans.
- c ☐ 17 ans.

EXERCICE 2 — **8 points**

Vous êtes à l'entrée du Tunnel et vous voyez le panneau suivant. Lisez-le et répondez aux questions.

LE TUNNEL DE TENDE
FRANCE / ITALIE

Longueur : 3186 m
Hauteur max : 3,90 m

AVIS AUX AUTOMOBILISTES

Pour permettre des travaux relatifs au nouveau tunnel routier, le tunnel de Tende est fermé selon le planning suivant :

- Du lundi 18 avril à 8h jusqu'au vendredi 22 avril à 18h.
- Du mardi 26 avril à 8h jusqu'au 13 mai à 18h.
- Du mardi 17 mai à 8h jusqu'au 26 mai à 20h.

La limitation s'applique à tous les véhicules dans les 2 sens de marche.

Route alternative pendant les fermetures : Autoroute A6 Turin-Savone
Autoroute A10 Savone-Vintimiglia

Tarif : accès gratuit
N° vert pour vous informer avant de voyager : 08 05 05 06

1 Vous ne pouvez pas passer par le tunnel : — 1 point
- **a** ☐ le 27 avril après-midi.
- **b** ☐ le 12 mai à 15h.
- **c** ☐ le 15 mai à 12h.

2 Le 1er mai le tunnel est ouvert de quelle heure à quelle heure ? — 2 points
- **a** ☐ 18h à 8h.
- **b** ☐ 8h à 8h.
- **c** ☐ 9h à 16 h.

3 Quand le tunnel est fermé par où peut-on passer ? — 1 point
- **a** ☐ La route nationale.
- **b** ☐ L'autoroute A7.
- **c** ☐ L'autoroute A6 et A10.

4 Combien faut-il payer pour passer par le tunnel ? — 2 points
- **a** ☐ 5 euros.
- **b** ☐ 0 euro.
- **c** ☐ 10 euros.

5 À qui s'adresse la limitation ? — 2 points
- **a** ☐ Aux automobilistes qui rentrent en France.
- **b** ☐ Aux automobilistes qui sortent de France.
- **c** ☐ Aux automobilistes dans les deux sens.

EXERCICE 3

6 points

Vous êtes lycéen(ne) et vous cherchez un professeur pour améliorer la langue russe que vous étudiez. Vous voulez prendre des cours chez vous. Voici 4 annonces, lisez-les et répondez aux questions.

1

Bonne méthode, beaucoup de pratique. Professeur de russe (natif) donne cours de russe à son domicile. Quartier Laval. Venez avec vos livres et votre carte d'identité. Pour rendez-vous, téléphoner au 06 78 93 21 (avant 20 heures).

2

Cours collectifs de russe (5 personnes maximum) à mon domicile quartier Saint-Jean. Préparation aux examens d'État. Je fournis le matériel didactique. Écrire : sergeila@net.fr

3

Cours de russe vers l'excellence. Enseignante retraitée propose des cours de russe. Je me déplace à votre domicile à l'horaire que vous préférez et je prépare aux examens sur vos livres et votre matériel.
Contact téléphonique seulement après 20 heures au 06 02 58 27.

4

Établissement LANGUEVIV ouvre ses portes quartier Les jasmins.
Enseignants dynamiques offrent cours en mini-groupe ou particuliers.
Supports pédagogiques : DVD, Manuels, CD Rom. Contact : languivi@hopmeil.com

1 Quelle adresse électronique ou numéro de téléphone vous intéresse ? 2 points

____

2 Qu'est-ce que vous devez apporter avec vous pour aller en cours ? 2 points

____

3 En plus des livres, qu'est-ce que l'Établissement LANGUEVIV utilise comme matériel ? 2 points

____

EXERCICE 4

6 points

Vous lisez le message et vous dessinez le chemin que Camille va faire pour aller chez son amie, puis vous répondez aux questions suivantes.

Pour venir chez moi tu prends le train. Tu sors de la gare SNCF, tu tournes à droite. Tu passes sur le pont de la Loire et tu vas toujours tout droit. Tu traverses la place Bilange et tu prends la 2ème rue à droite. Tu restes à droite. Tu passes devant une église. Tu traverses rue Chantzy. Ma maison se trouve juste en face de la rue de Lorraine. C'est une maison blanche à 2 étages avec un beau jardin devant. Mes grands-parents habitent au 1er et moi au deuxième. Il y a mon nom sur la porte.
À bientôt !
Camille

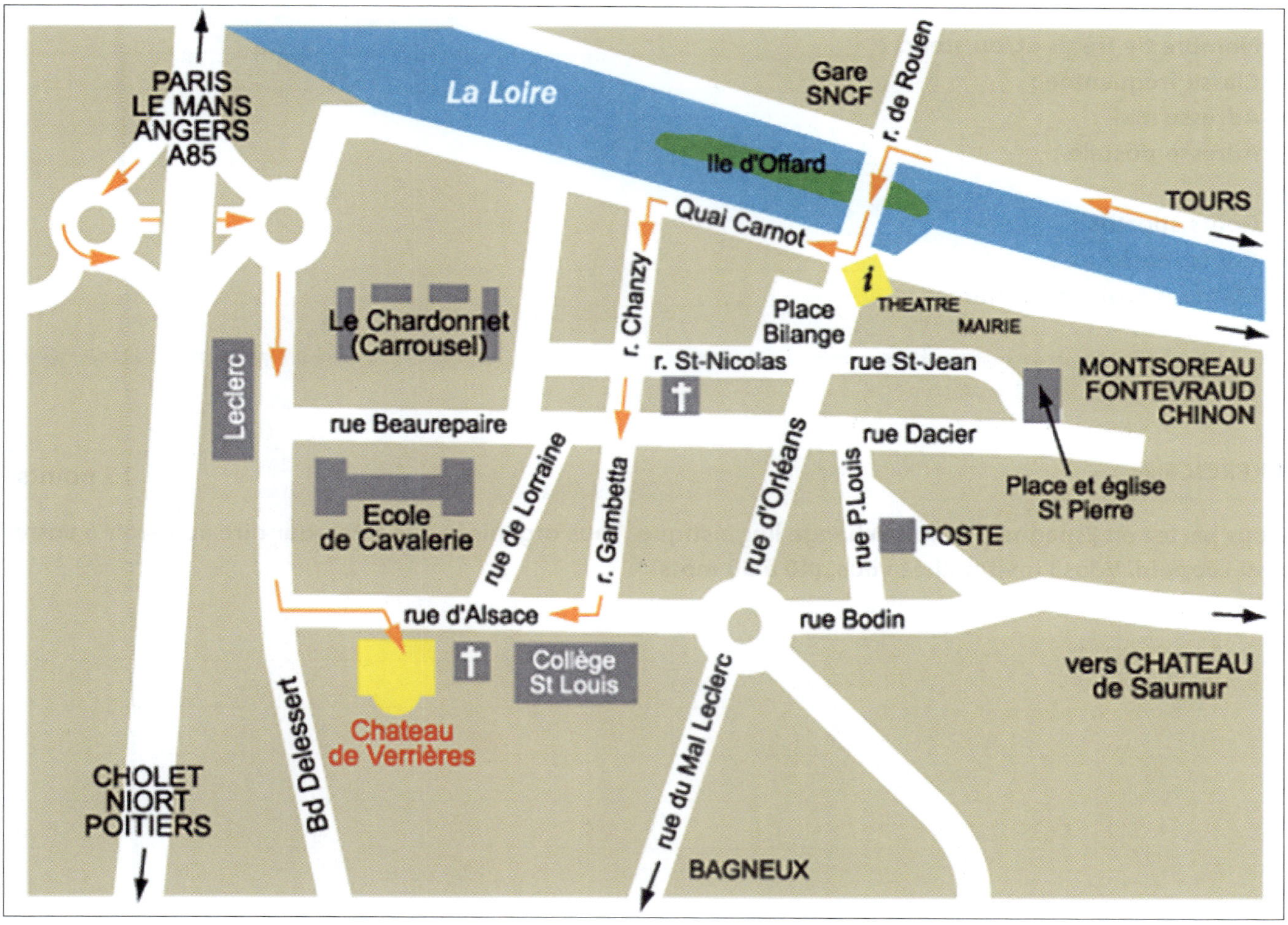

1 *Pour le dessin et la croix* 2 points

2 Quel moyen de transport utilise l'amie pour venir chez Camille ? 2 points

____

3 Comment est la maison de Camille ? 2 points

____

Production écrite

25 points

EXERCICE 1

10 points

Vous remplissez une fiche de renseignements pour avoir un correspondant.

FORMULAIRE à REMPLIR pour AVOIR UN CORRESPONDANT

Nom : ____________________

Prénom : ____________________

Date de naissance : ____________________

Nationalité : ____________________

Nombre de frères et/ou sœurs : ____________________

Classe fréquentée : ____________________

Adresse mail : ____________________

Adresse postale : ____________________

Goûts sportifs : ____________________

Goûts musicaux : ____________________

Matières scolaires préférées : ____________________

EXERCICE 2

15 points

Vous partez en Espagne pour un échange linguistique. Vous organisez une fête pour dire au revoir à votre ami Léopold. Vous l'invitez chez vous. (40 à 50 mots)

Production orale

25 points

1 ENTRETIEN DIRIGÉ (1 mn environ)

L'objectif de cette épreuve est de se présenter et de parler de soi.

L'examinateur pose très lentement des questions au candidat pour le faire parler de lui-même, de sa famille, de ses goûts et de ses activités. Si le candidat ne comprend pas le professeur reformule la question.

2 ÉCHANGE D'INFORMATIONS (2 mn environ, préparation : 10mn)

Des mots-clés sont écrits sur des cartes. Le candidat tire au sort 5 ou 6 cartes . Les mots lui permettront de poser des questions à l'examinateur, ce qui ne veut pas dire qu'il utilisera littéralement chaque mot.

BICYCLETTE	**JOURNAL**	**JARDIN**
MER	**ORDINATEUR**	**DIMANCHE**

3 DIALOGUE SIMULÉ OU JEU DE RÔLE (2 mn environ, préparation : 10mn)

Dans une boulangerie.

Vous devez passer dans une boulangerie avant de rentrer à la maison. Vous avez seulement 15 euros.

Vous demandez les prix, vous choisissez et vous payez. L'examinateur jouera le rôle du vendeur.

la baguette **0,99 €**

le croissant **1,20 €**

le paquet de gâteaux **1,75 €**

la tarte aux pommes **7,30 €**

la tarte aux fraises **7,30 €**

le paquet de biscottes **1,50 €**

bonbons **2,75 €**

pizza **1,00 €**

Compréhension de l'oral

25 points

Vous allez entendre 3 enregistrements, correspondant à 3 documents différents. Pour chaque document vous aurez 30 secondes pour lire les questions, une première écoute, puis 30 secondes de pause pour commencer à répondre aux questions, une seconde écoute, puis 30 secondes de pause pour compléter vos réponses. Répondez aux questions en cochant la bonne réponse ou en écrivant l'information demandée.

1.47 EXERCICE 1

8 points

Lisez les questions. Écoutez le document puis répondez.
Vous êtes à la gare et vous écoutez cette annonce. Écoutez le document puis répondez.

1 Le TGV annoncé porte le numéro — 2 points

a ☐ 8607.
b ☐ 6708.
c ☐ 6807.

2 Ce TGV arrive — 2 points

a ☐ d'Avignon.
b ☐ de Paris.
c ☐ de Lyon.

3 La destination du TGV est — 2 points

a ☐ Avignon.
b ☐ Paris.
c ☐ Lyon.

4 Votre place est réservée voiture 15. Vous devez aller entre les repères — 2 points

a ☐ C et G.
b ☐ C et J.
c ☐ I et L.

1.48 EXERCICE 2

8 points

Lisez les questions. Écoutez le document puis répondez.
Vous entendez ce message sur le répondeur téléphonique de votre portable. Répondez aux questions.

1 Il s'agit d'un message — 2 points
- **a** ☐ d'acceptation.
- **b** ☐ d'invitation.
- **c** ☐ de refus.

2 Émilie doit participer à — 2 points
- **a** ☐ un anniversaire.
- **b** ☐ un concert.
- **c** ☐ une fête.

3 Les billets sont — 2 points
- **a** ☐ gratuits.
- **b** ☐ payants.
- **c** ☐ à tarif réduit.

4 Émilie conseille — 2 points
- **a** ☐ d'aller au concert seule.
- **b** ☐ de proposer ces billets à quelqu'un d'autre.
- **c** ☐ de revendre ces billets à quelqu'un d'autre.

1.49 EXERCICE 3

9 points

Lisez les questions. Écoutez le document puis répondez.
Vous êtes dans un bus et vous entendez cette conversation. Répondez aux questions.

1 Rémy et Cyril parlent de l'organisation du week-end. V ☐ F ☐ — 1 point

2 Le samedi Rémy va skier avec — 2 points
- **a** ☐ son père.
- **b** ☐ sa mère.
- **c** ☐ son frère.

3 Le samedi Cyril rentre chez lui à — 2 points
- **a** ☐ 6h.
- **b** ☐ 8h.
- **c** ☐ 18h.

4 Rémy a un abonnement pour — 2 points
- **a** ☐ le théâtre.
- **b** ☐ le stade.
- **c** ☐ le cinéma.

5 Le dimanche Cyril déjeune chez — 2 points
- **a** ☐ ses copains.
- **b** ☐ lui.
- **c** ☐ ses grands-parents.

Compréhension des écrits

25 points

EXERCICE 1

5 points

Lisez ces résumés de films et écrivez le numéro qui correspond, dans la case appropriée. Attention il y a 6 propositions et 5 réponses.

1 Da Vinci Code, avec Tom Hanks.

Avant de mourir assassiné, le conservateur du Louvre a laissé de mystérieux symboles. Sa petite-fille et un scientifique américain mènent l'enquête.

2 En bonne compagnie, avec Dennis Quaid.

Dans un magasin sportif, un responsable d'un certain âge est contraint de travailler sous les ordres d'un homme plus jeune que lui, qui tombe amoureux de sa fille.

3 Tron l'héritage, avec Jeff Bridges.

Sam est un jeune féru de technologie qui enquête sur la disparition de son père Kevin Flynn, un concepteur de jeux vidéos. Sam et son amie Cora se retrouvent alors propulsés dans un programme féroce de jeux de gladiateurs...

4 Le discours d'un roi, avec Tom Hooper.

Le Roi d'Angleterre Georges VI (1895-1952), père de la Reine Elisabeth II, souffrait de problèmes d'élocution. Ce film raconte comment un orthophoniste peu ordinaire, Lionel Logue, parvint à le guérir...

5 La Bayadère, avec Kathleen Kim.

Un noble guerrier, Solor, veut offrir au rajah un tigre et envoie ses amis à la chasse tandis qu'il reste près du temple pour voir sa bien-aimée Nikiya, l'une des bayadères qui sont des danseuses qui gardent le feu sacré.

6 Le Marchand de Sable, avec Bruno Renne.

Chaque nuit, comme tous les enfants du monde, Théo rejoint le Pays des Rêves grâce au sable magique dispersé par le Marchand de Sable. Mais une nuit, le vilain Tourni-Cauchemar vole le sable magique et prend le contrôle du Pays des rêves.

Comédie sentimentale	Triller	Historique	Comédie musicale	Science-fiction

EXERCICE 2

5 points

Lisez le texte puis répondez aux questions en cochant la bonne réponse ou en écrivant l'information demandée.

Les ados ne dorment pas assez

Selon une enquête réalisée auprès de 30 000 lycéens 80% d'entre eux ont une dette de sommeil d'environ 2 heures chaque jour. Ils doivent se lever tôt pour aller en cours, mais ont tendance à se coucher tard. Cette carence chronique de sommeil joue sur la mémoire, la concentration et l'humeur : un ado irritable ou déprimé n'a pas forcément besoin d'un traitement mais peut-être tout simplement de dormir davantage.
Enfin, ils doivent savoir qu'une nuit blanche a les mêmes effets sur la vigilance que 0,5 g d'alcool dans le sang. Alors, même avec un alcootest négatif, prudence en prenant le volant après une nuit passée en boîte.

D'après, *Avantages* n° 186

1 Les ados dorment
- a ☐ mal.
- b ☐ pas assez.
- c ☐ trop.

2 Le sommeil a une influence sur
- a ☐ l'alimentation.
- b ☐ les loisirs.
- c ☐ les résultats scolaires.

3 Des problèmes de santé comme la déprime doivent être toujours résolus par un traitement médical. V ☐ F ☐

EXERCICE 3

7 points

Lisez le texte puis répondez aux questions en cochant la bonne réponse ou en écrivant l'information demandée.

La conduite accompagnée

Cette formule de conduite est adoptée par environ 30% des candidats et est accessible dès 16 ans. La formation initiale est la même que pour le permis classique : 20 heures de conduite au sein d'une auto-école pour pouvoir se présenter au Code, l'épreuve théorique.
En cas de réussite l'auto-école délivre à l'apprenti conducteur une attestation qui lui permet de conduire aux côtés d'une personne expérimentée. La période de conduite accompagnée doit être comprise entre 1 et 3 ans.
L'accompagnateur doit avoir au moins 28 ans et être titulaire du permis depuis plus de 3 ans.
La voiture doit être équipée de deux rétroviseurs latéraux et d'un disque à l'arrière signalant la présence du jeune conducteur.
Le principal avantage de cette formule est le meilleur taux de réussite à l'examen du permis de conduire, comparé à la formule classique.

D'après *www.femme actuelle.fr*

1 La conduite accompagnée n'est pas pratiquée par
- a ☐ 70% des jeunes.
- b ☐ 30% des jeunes.
- c ☐ 20% des jeunes.

2 La formation initiale comporte
- a ☐ 20 heures de théorie.
- b ☐ 20 heures de conduite.
- c ☐ 20 heures de théorie et de conduite.

3 Le jeune conducteur peut être seul au volant de sa voiture. V ☐ F ☐

4 Pour pouvoir conduire le jeune doit
- a ☐ réussir l'épreuve théorique.
- b ☐ ne doit passer aucune épreuve.
- c ☐ être en possession d'une épreuve pratique.

EXERCICE 4 **8 points**

Lisez cet article et répondez aux questions.

Quelques conseils pour réussir ses révisions du bac

Pour aborder le bac en toute sérénité il est important de dormir suffisamment, d'avoir un bon apport nutritionnel et d'apprendre à s'organiser.
Suivez le guide pour être efficace pendant vos révisions.

• *Privilégier des féculents, pour une énergie à long terme*
Pendant les jours qui précèdent les épreuves et pendant toute la durée de celles-ci, on conseille de consommer des féculents à chaque repas. Riz, pâtes, pain, céréales donnent de l'énergie à long terme pour le corps et le cerveau.

• *Trois portions de fruits par jour, pour la vitamine C*
En période d'examen les fruits entiers ou sous forme de compote ne doivent surtout pas être oubliés. Ils apportent de la vitamine C. Les fruits rouges, les agrumes, et les kiwis en sont particulièrement riches.

• *Du poisson gras, pour la mémoire*
Viandes, poissons, œufs doivent être consommés au moins une fois par jour. On conseille de privilégier le poisson gras comme le saumon.

• *S'hydrater*
Il est important de boire de l'eau en quantité suffisante. Thé et café peuvent aussi être consommés mais sans excès.

• *Ne pas « sauter » de repas*
Il est particulièrement déconseillé de sauter un repas, même si on est en retard dans ses révisions. Le baccalauréat nécessite une bonne forme physique et intellectuelle qui doit passer par une alimentation équilibrée.

D'après *www.femme actuelle.fr*

1 Les féculents
- **a** ☐ sont à préférer à chaque repas.
- **b** ☐ sont à abolir de l'alimentation.
- **c** ☐ ne sont pas indispensables.

2 Les fruits doivent être consommés
- **a** ☐ aux principaux repas.
- **b** ☐ entre les repas.
- **c** ☐ on ne sait pas.

3 Il est important de boire abondamment des
- **a** ☐ boissons aromatisées.
- **b** ☐ boissons naturelles.
- **c** ☐ boissons alcoolisées.

4 Il est conseillé de consommer
- **a** ☐ les trois repas habituels.
- **b** ☐ les deux repas principaux.
- **c** ☐ de grignoter entre les repas.

Production écrite

25 points

EXERCICE 1

12 points

Vous êtes en vacances avec vos parents depuis trois jours. Vous racontez dans votre journal intime ce que vous avez fait. Vous pouvez utiliser ces images pour décrire vos journées.

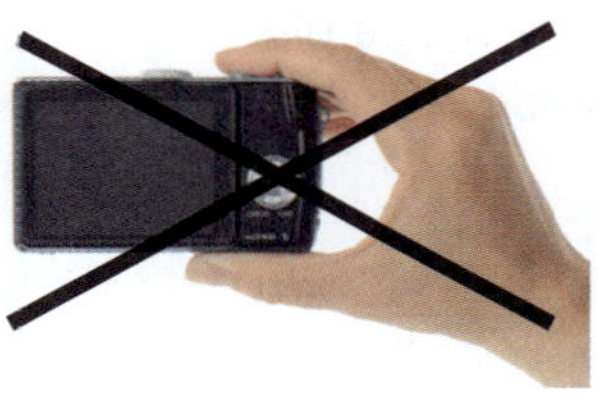

EXERCICE 2

13 points

Nouveau message

Envoyer Discussion Joindre Adresses Polices Couleurs Enr. brouillon Navigateur de photos Afficher les modèles

De : antoni@yaho.es
À : eric.lebrun@yaho.com
Objet : invitation

Cher Éric,
As-tu vu les affiches dans le centre-ville ? Notre groupe préféré se produira samedi prochain au Stade de Nancy. Mon père a reçu deux billets hommage en cadeau. Je peux donc inviter un copain et j'ai pensé à toi. Qu'est-ce que tu en dis de venir avec moi samedi soir ?
Mon père nous y accompagnera en voiture et il viendra nous chercher à la fin du spectacle.
J'attends ta réponse.
Antony

Vous répondez à Antony et vous le remerciez. Vous acceptez cette invitation et vous lui demandez des indications sur l'heure du début et de la fin du spectacle et sur le lieu du rendez-vous.
(entre 60 et 80 mots)

Production orale

25 points

Cette épreuve comporte 3 parties. Elle dure de 6 à 8 minutes.
La première partie, *entretien dirigé*, se déroule sans préparation.
Vous avez 10 minutes pour préparer les parties 2 et 3 (*monologue suivi* et *exercice en interaction*).
Les trois parties s'enchainent.

1 ENTRETIEN DIRIGÉ (1 minute 30 environ)

Vous saluez votre examinateur et vous vous présentez. Vous parlez de vous, de votre famille, de vos goûts, ...
L'examinateur pourra vous poser des questions complémentaires.

2 MONOLOGUE SUIVI (2 minutes environ)

Vous tirez au sort 2 sujets et vous en choisissez 1. Vous vous exprimez sur le sujet. L'examinateur peut ensuite vous poser des questions pour vous aider à compléter.

Sujet 1
Un rêve
Racontez un rêve. Choisissez si vous préférez un beau rêve ou un rêve qui vous a angoissé.

Sujet 2
Loisirs
Vous allez souvent au cinéma ? Vous aimez lire ? Racontez un film ou un livre qui vous a plu.

3 EXERCICE EN INTERACTION (3 à 4 minutes environ)

Vous tirez au sort 2 sujets et vous en choisissez 1. Vous devez simuler un dialogue avec l'examinateur afin de résoudre une situation de la vie quotidienne.
N'oubliez pas de saluer et d'utiliser les règles de politesse.

Sujet 1
Rendez-vous
Vous avez besoin d'un dentiste pour régler votre appareil dentaire.
1 Vous téléphonez pour prendre rendez-vous.
2 Un imprévu se présente et quelques heures après vous rappelez pour reporter ce rendez-vous.
(L'examinateur/examinatrice joue le rôle du/de la secrétaire du cabinet dentaire)

Sujet 2
Inscription à un cours
La maison des jeunes organise un cours d'informatique. Vous êtes intéressé, vous téléphonez et vous demandez des informations (jour, horaire, durée du cours, nombre total d'heures, prix, conditions d'inscription, modalité de paiement, nombre de participants.)
(L'examinateur/examinatrice joue le rôle du/de la secrétaire)